思想觀念的帶動者

文化現象的觀察者

本土經驗的整理者

生命故事的關懷者

心靈工坊 PsyGarden

GrowUp

愛的開顯就是恩典·
心的照顧就是成長；
親子攜手·同向生命的高處仰望·
愛必泉湧·心必富饒。

青春の夢と遊び

青春的夢與遊戲

探索生命，形塑堅定的自我

河合隼雄──著
河合俊雄──編
林暉鈞──譯

河合隼雄‧孩子與幻想系列

目錄

「河合隼雄．孩子與幻想系列」發刊詞

河合俊雄

這一個系列收集了父親河合隼雄以「孩子」與「幻想」為主題所寫的書，作為「心理治療」系列的延續。

對於心理治療師河合隼雄來說，「孩子」當然是一個重要的主題。在蘇黎世取得榮格分析師的資格，於一九六五年回國之後，首先面對的就是不願上學的孩子們。其中一位少年敍述一個「肉的漩渦」的夢，促使他超越個別的母子關係，開始思考日本普遍的母性所具有的力量與破壞性。這也顯示了「孩子」這個主題的重要性與廣度。在這個系列的《孩子與惡》、《轉大人的辛苦》兩本書當中，河合隼雄針對他透過心理治療所看到的孩子問題，以及孩子存在的本質，作了深刻的思考。

不過，這個系列的另三本書《閱讀童書》、《閱讀幻想小說》、《故事與神祕》（書名皆為暫譯），主要的內容是河合隼雄對於被概稱為「兒童文學」的各種作品，所進行的閱讀與解釋。河合隼雄一再強調，所謂的兒童文學，不只是寫給兒童看的。兒童文學也適合大人閱讀，而且它遠比凝聚了複雜寫作技巧的文藝作品，更能夠碰觸到「靈魂的真實」。就像古老的諺語「七歲以前是神的孩子」所說的，孩子接近神，也接近靈魂。按照河合隼雄的說法，對孩子來說，現實的多層性以幻想小說的形式，比較容易顯現其樣貌。「孩子清澈的目光，比大人渾濁的眼睛」更容易看到靈魂的真實。在這個意義下，所謂的「孩子」並不是一種對象，而是一種視點、一種主體。而河合隼雄在《閱讀童書》的導言〈為什麼要讀孩子的書？〉中關於該問題的說明——「閱讀童書，和心理治療中與個案的面談，有相通之處」，也就更具說服力。

從以上的描述我們不難看出，「孩子」對河合隼雄來說，確實是非常重要的主題。他有許多本書以「孩子」為標題，其他的著作也大多與孩子有關。在這個意義下，我認為「孩子與幻想」系列將這個主題下的數本著作集合在一起，以平易近人的文庫本[1]形式重新出版，意義重大。不過，有關這個主題非常重要的《孩子的宇宙》一書，因為已經以新書版[2]的形式出版，並沒有收錄在本系列之中。此外，系列中的《轉大人的辛苦》以及《青春的夢與遊戲》二書，除了孩子的主題之外，還探討了青年期的問題。

今年，我們即將迎接河合隼雄的七回忌[3]。希望本系列叢書的發行，能夠成為對故人的一種紀念。系列中的部分著作，當初並非由岩波書店發行初

1　譯註：文庫本是日本出版界通行的一種叢書規格，A6規格，大小約為148×105mm，多為平裝。售價低廉、攜帶方便，以普及為目的，故主要為經典名著、以及其他重要書籍的再版。（台灣心靈工坊出版的本系列中譯本，因應國人閱讀習慣，並未沿用文庫本規格。）

2　譯註：新書是日本出版界通行的另一種叢書規格，大小約為173×105mm。相對於文庫本，新書多半是新的著作。

3　譯註：七回忌是日本佛教傳統中，悼念往生者的重要法事之一，於歿後六年舉行。

版，有關這些部分版權的讓渡，非常感謝講談社的理解。此外，對於在百忙之中爽快地允諾為此系列撰寫導讀的各位先進，以及為此系列的企畫、校訂付出許多心力的岩波書店的佐藤司先生，謹在此致上我衷心的感謝。

二〇一三年五月吉日
河合俊雄

〔推薦序1〕

璀璨過渡：夢想人生，遊戲青春

洪素珍／臺北教育大學心理與諮商學系副教授

「夢」與「遊戲」常見於感歎人生。然，「假作真時真亦假，無為有處有還無」，浮生若夢，人生如戲，豈知莊生？或疑蝴蝶？日本首位榮格學派精神分析師河合隼雄的《青春的夢與遊戲》所論述者，便是那似真且幻的夢跟遊戲，旨在引導青春，探索生命。

在精神分析裡，夢是一般人較熟悉的重要素材。無可言喻的潛意識，或者無意識的衝動與企圖，都是夢境意象表達訴說的要緊之處。青春少艾，時處生命力初萌迸發之際，就榮格學派的觀點，正是轉化的一大關鍵，完成個體化任務的至要時期。於此之際，心靈念茲在茲者，無不在於實踐個性、對抗集體。如此一來，生活自然滿是辛苦與挫折。

河合先生析論青春之夢，一指夢想，二曰夢境。前者可謂個體性之異於集體性的社會表徵，為個體意欲於社會創作或實現的理想；而後者，則是表徵之下的心靈動力顯現，指引著個人獨特的生命方向，體現了個體作為「人」的無上價值。

榮格學者談夢者多，論遊戲者相對較少。河合先生在本書中特別突顯遊戲在青春轉化期的意義與價值，別有洞見，富饒趣味。

用客體關係理論的視角來看，遊戲是一種本能，可將時間與空間連結成一體。人必然會有這種可以掌控個人心理現實與真實客體的體驗，因為那是生存的基本形式。因此，遊戲非常重要。人們利用外在世界的現象以操作內在現實，然後將內在現實的意義與感情挹注到個人所選擇、或者是可觸及的外在現象上，動用身體操縱這一切的發生，便是在遊戲著。英國兒童精神科醫師溫尼考特（Donald Woods Winnicott）甚至主張，人只有在遊戲當中才具創造力，不論大人或小孩皆是如此。有創造力才有人格，才能發現自我。所以，再深入思考，榮格學派不僅同意遊戲是本能，且為過渡到心靈核心層次的重要象徵。

轉化（transformation）是榮格學派分析最重視的生命狀態之一，在此期間，也就是處在過渡當中，一切都是不確定的，通常存在著兩極的矛盾。比如說，青春正盛、風華絕代，雖處人生高峰，卻也暗示了衰敗的開端。然而，真正可怕的形體變老並不會立即發生，令人擔心的是，一旦未能順利轉化，心靈衰敗的提前到來。

溫尼考特指出，嬰兒靠著過渡性客體，連結外在客體（母親的乳房）和內在客體（被內攝的乳房），度過失落，也培養了自我的創造力。然而，當我們長大，卻常常失落了過渡性客體。那個童年時唯一會傾聽我們心聲的小熊，或者必須緊擁才能入眠的毛巾被，隨時光歲月而破敗，不知何往？它們的鬼魂，一直在心靈當中隱隱作祟。因為，我們只是潛抑遺忘，未加哀悼，沒能使之轉化，故爾苦惱。我們必然長大，也會變老，但若能善知與利用過渡性客體，生命方可突破客觀物質囿限，讓心靈無限展延。所以，我們也許失去幼時的小熊，但絕不能喪失遊戲的能力。

河合先生對遊戲的重視，與溫尼考特一般，同樣賦予其創造力之源，以及指引道路的作用。以榮格學派之重視夢在心靈中的地位，他等於把遊戲看做夢的延伸。遊戲介於幻與真之間，猶若夢境，可以吸引出個人不同的特質與潛能，成為體現人生夢想的根據。這對於當今普遍迷失在現代化叢林裡的人們，具有相當的啟發性。

誠然，在分工愈形細密的工業化社會裡，專業領域各自神聖不可侵犯，十分強調獨立自主。因此，作為無可奈何的社會人，人類終將被異化，本然的整體必定崩解，不僅跟社會，與心靈也日漸疏離。而遊戲連結現實與幻境，也可用以溝通工業與靈性，對於在心理上瀕臨崩解的現代人來說，再重要不過了，這或許就是當今社會虛擬遊戲盛行的潛在因素之一吧。

德國探險家威廉．費希納（Wilhelm Filchner）有段傳頌甚廣的名言是這麼說的：「莫信青春為畢生至樂，最快樂者思想著最有趣的事，因而我們越老越快活。」生命不斷向前，青春何以惱憂？悲觀者如莎士比亞會感歎「青春不耐久藏」，但洞悉者像尼采能體悟「遲到的青春更持久」，而本書告訴我們，隨著夢與遊戲指引的青春過渡，蘊藏無限的精彩與璀璨，等待著我們去發現和探看。

〔推薦序2〕

成年禮流浪與冒險

李偉文／作家、牙醫師、荒野保護協會榮譽理事長

河合隼雄是日本近代最有影響力的教育家，也是位心理學家與臨床心理師，透過廣受歡迎的著作協助了無數迷惘的父母。但是，一直到他從大學教職退休後，才第一次針對青春期的成長寫了這本《青春的夢與遊戲》，為什麼這麼慢才寫這本這麼重要的著作？

他的公子河合俊雄解釋說：「因為青春期對作者來說，是只能掉眼淚，無法言說的事物。」其實，即便平凡如你我，青春期於我們也都是段只能掉淚卻無法言說的事物。

但是青春期真的太重要了，即便無法言說，還是必須想辦法說，因此作

者透過許多日本及西洋著名的文學作品，以裡面角色所面對的生命掙扎與選擇，來分析青春期必須超越的困境。

大概也只有以河合隼雄這麼有經驗的專家才有能力以這麼生動的故事，用非常清晰且平易近人的文筆來描述。很特別的，這麼一本薄薄地，乍看很容易閱讀的書，我來來回回讀了二、三遍，卻能不斷有新的體會。

作者特別提到古代從兒童過渡到成年，會有一個成年禮的儀式，透過艱難的歷練來體會「死與重生」，也就是孩子死去，再重生為大人。但是隨著時代的演進，這種具有危險性的成年禮消失在愈來愈文明的社會，因此每個人從被呵護的兒童到承擔責任的大人之間的界線不見了，這也形成青春期多樣化的面貌。

雖然人在一生當中都可以不斷改變與成長，但是在青春期這個階段的遭遇，不管是碰到的朋友師長、看的電影或書籍、一次旅行的經驗，都很可能影響他的價值觀，塑造他看待世界的方法，然後影響一輩子。因為青春期的敏感與不安，外在的風吹草動一旦進入他內在，若是變成銘印現象，之後其他的訊息都會在選擇性認知的狀態下被忽略。因此，有人說青春期是一個人自我形成最關鍵的時期。

的確，不同時代，不同地域的青年都會有他們獨特的困境與挑戰。假如青春期的叛逆是追求獨立的歷程，我們有否提供他們在這已沒有威權可打倒的時代，一個磨練心志的機會？尤其不管在日本或台灣，宅男、繭居族等，失去學習與努力動機的青春期，已是社會的新問題。

或許鼓勵孩子去異鄉流浪，去到未開發窮困的地方去探索，找到自己存在的價值，是讓不安迷惑的青年重獲青春動力的好方法。

第一章

青春是什麼？

這個時代的人看到「青春」這兩個字，會聯想到些什麼？有的人認為，「青春」這個詞彙早已過時。最近有一些心理學家提出「青年期消失論」或是「青年期平穩論」等主張；對贊同這些主張的人來說，「青春」這兩個字沒有太大的意義。雖然我們還是可以聽到現在的年輕人使用「展現青春」這樣的語彙，但是我覺得他們所說的「青春」，和從前的年輕人所說的「青春」，含義有些不同。應該有不少現代的年輕人，光是看到「青春的夢與遊戲」這樣的標題，就覺得興味索然吧！

但是，仔細觀察就不難發現，「青春」並沒有消失。「夢與遊戲」當然也還健在。只不過在這二、三十年間，它們的樣貌有了相當大的變化，這是事實。筆者希望在關注時代所造成的變化之時，思考有關「青春的夢與遊戲」的問題。不過在那之前我想先稍微談談，「青春」到底是什麼？

01 青年期

心理學之中，有「青年心理學」這樣一個領域。「青年心理學」認為人的一生歷經嬰幼兒期、兒童期、青年期之後，進入成人的階段。而這個領域所研究的，就是在轉變為成人之前的時期，也就是青年的心理。過去筆者也曾經擔任「青年心理學」這門課的講師。那時候我要求學生寫下他們心目中所謂的「青年」，是從幾歲開始到幾歲為止，再將結果做成統計資料。細節我已經不記得了，不過有一件事令我印象深刻——其實這也是我想透過這個調查釐清的事情——學生所認為的「青年期」，和心理學所界定的「青年期」，有明顯的落差。雖然不同的心理學家有不同的看法，但大致上都認為「青年期」到二十二歲左右為止，最晚是到二十六歲結束。然而，學生們心中的「青年期」卻是到三十歲左右，甚至還有人認為三十五歲以前都是青年期。

之所以產生這樣的「落差」，是因為心理學依據「客觀的」指標，來界定成人之前的這段時期，因此年齡總是偏低；相反地，學生們則是憑著自己的「主觀」來思考，所以青年期變得比較長。這件事很清楚地反映出青年期的問題。也就是說，在別人看來，明明身體已經發育為成人了，當事者本身卻不覺得自己已經是成人。或者它也反映出一般人的心情——雖然知道自己是大人，卻希望自己同時也還是青年。

所以，所謂「青年期」的年齡是很難明確界定的。隨著思考方式的不同，「青年期」的時期也會不一樣。這和以下的事實有關：在我們這個時代，所謂「大人」的意義，變得越來越不明確。在身體、社會以及心理等層面中，「長大成人」都各自有不同的意思。所以——暫且不論身體的方面——「大人」真正的意義是什麼？要下定義是很困難的。

雖然無法明確定義，但總之青年期是我們十分重視的一個人生時期。不過，在非近代社會（譯按：指近代化以前的社會）中，它並不是那麼重要——更適切的說法是，當時並沒有青年期這類特定的概念，這一點我們必須牢記在心。從前小孩與大人的區分很明確；孩子在某個既定的時刻，經過成年禮這個重要的儀式，就「成為大人」。因此，從前的社會和近代社會不同；小孩與大人之間所謂「青年期」的中間地帶，在非近代社會裡是不存在的。

從人類重視「進步」這件事開始，「青年期」變得重要了起來。當人們認為一個社會的一切都已就緒、完成，沒辦法想像更為進步的狀況，那麼對他們來說重要的就會是「加入」既成的社會，不會想要去「改革」它。所以小孩在變成「大人」、加入社會之前，只要以小孩的方式生活就可以了，沒有反抗或苦惱的必要。

但是，如果人把「進步」當作重要的事，那麼社會也必須「進步」；即將成為新社會成員的「大人預備軍」——青年，就因為具有進步的可能性，而受到期待。可是在另一方面，因為他們尚未成為能夠「獨當一面」的大人，社會對他們懷有某種程度的輕視，所以青年們陷入兩難的困境。一方面是具有超越大人可能性的存在，卻同時也是尚未成為大人的、低等的存在。這是青年期的一個特徵。

「青春」這件事

如前所述，進入近代以來，「青年期」突然受到注目與重視。當人們以文學的方式來掌握這個時期，就出現了「青春」這個詞彙。我們在學生時代深感共鳴的赫曼・赫塞（**Hermann Hesse**）的《鄉愁》（*Peter Camenzind*），反映出當時人們對「青春」這兩個字的想像。青年們謳歌春天，徬徨於其中。青春充滿了苦惱，同時也伴隨著甘甜的感傷。然而再怎麼說，它畢竟是「春」；草木生芽，花朵綻放，萬物滿溢著生命力。這些春的意象，用來描述青年，再適合也不過了。

不過時至今日，上面那一段話，恐怕會被譏為陳腔濫調吧。原本「青春」就已經是被時代遺忘的詞彙了。的確，現代的青年和過去有很大的不同。不過，雖然人類會隨著時代產生相當的變化，卻也有某些部分，可以說一點都沒有改變。改變的部分與不變的部分，隨著我們關注的焦點不同，看到的樣貌也不一樣。時代所帶來的變化稍後再談，首先來看看具有普遍性的

「青春像」。

為了思考「青春」這件事，我想舉夏目漱石的《三四郎》作為例子。或許有人會覺得它過時了，但我認為被視為經典名作的作品，必定含有經得住時代變化的要素，所以刻意以它為例。而且，稍後我們也可以將它與現代的作品比較，來觀察時代所帶來的變化。

不過有一件事必須先聲明：接下來我將會舉出許多文學作品來討論，但這樣做並不是為了探討「文學」——我也沒有那種能力——而是將它們視為實際發生過的事例來分析。雖然筆者身為心理治療師，接觸過許多青年期的實際案例，但職業倫理不容許我詳細敍述這些案例。因為保密義務的關係，即使只是提及事實的片段也不行。這樣做或許會被認為是對文學作品的冒瀆，但希望這一點能夠得到讀者們的寬恕，在閱讀時理解筆者的用意。

三四郎從熊本來到東京，眼裡所見到的事物，無不讓他感到驚奇。「東京有許多事物讓三四郎感到驚奇。第一是電車發出鏗！鏗！的聲音，讓他吃驚。然後在鏗鏗聲之間，有非常多的人上車、下車，讓他驚詫。其次讓他驚歎的是丸之內（譯按：當時東京最繁華的地區）。而最讓他感到驚訝的是，不管走到哪裡，都還是在東京都內；東京似乎是沒有盡頭的」。就像這種感覺，夏目漱石在這一頁裡用了十次「驚」這個字，生動地描繪出三四郎的心情。

青春總是伴隨著「驚奇」。雖然現代的青年可以透過電視的影像得到大量的資訊，不會再像三四郎那樣，對這些事物感到驚訝，但是他們一定也會在別的事物上，感受到相同程度的驚奇。青年期還有一個特徵，就是凡事都想反對，所以也有一些青年會強調「沒有什麼事可以驚嚇到我」。但這單純只是唱反調，本質上是一樣的。真的沒有受到驚嚇的人會保持沉默；一個人大聲地、反覆地強調「我不驚訝」，正顯示他感到吃驚而困惑。

與異性的邂逅，超出了單純的驚奇，是一種撼動自我整體存在的體驗。書中有關三四郎在池畔第一次見到美禰子的描寫，實在是非常精彩，生動地捕捉到青春的本質。美禰子從面前走過之後，三四郎還是目不轉睛地望著她的背影。

三四郎呆呆地杵著。過了一會兒，他小小聲地從口中吐出一句「好矛盾啊。」是大學的空氣和那個女孩相互矛盾嗎？是那個色彩和那一份領悟相互矛盾嗎？矛盾的是看到那個女孩，卻想起火車上的女孩嗎？或者自己對於未來的目標，分裂成矛盾的兩條路？還是自己對於那些非常美好的事物感到恐懼，這一點是矛盾的？——這個來自鄉下的青年，對於這一切，一點頭緒也沒有。只是沒來由地，感覺到矛盾。

看到一位陌生女性的身影，讓一位青年內心所有的「矛盾」一起浮現。青春是充滿矛盾的。就這樣「三四郎的魂魄輕輕地飄走了。課堂上老師講課的聲音，彷彿來自很遠的地方。狀況不好的時候，會忘了把重要的事情寫下來」。三四郎開始經歷戀愛的苦惱，同時也開始品嚐戀愛的甘美滋味。想起美禰子，或是靠近美禰子的時候，他的心怦怦地跳動著，感覺到一片光明燦爛。

三四郎所認識到的這個「光彩奪目、如春日般蕩漾」的世界，「對三四郎來說是最深奧的世界。這個世界就緊貼著自己的鼻尖，但是卻難以接近。以難以接近這一點來說，就像是天外的閃電一般。三四郎遠遠地眺望這個世界，深深覺得困惑」。青春充滿了困惑。自己到底是什麼樣的人？到底該做什麼？自己也不知道。就在這個時候，美禰子提示了「迷途羔羊」（stray sheep）這個關鍵詞。

如果說其他的羊都在「管理之下」，那麼離開羊群、迷失在曠野的羊，或許是最適合用來象徵青春的意象。有時候青春中的人不服管理、反抗體制，好像是脫離群體而獨立，但是到頭來因為沒有自己的明確方向，被稱為迷途羔羊，也無可辯駁。《三四郎》的故事，就在主人翁「迷途羔羊、迷途羔羊」的喃喃自語中結束。

青年期平穩論

我們藉由《三四郎》描述了青春的樣貌，但或許有人會覺得這種描述過於輕描淡寫，青春應該是更為激烈的東西。的確，誰都曾經在青年期體驗過相當的破壞與失敗。從前也有人曾經用「疾風怒濤」（Sturm und Drang）作為青春期的標語。

有許多的文學作品，描繪了這樣的青春像。舉例來說，宮本輝的《燈火下的二十歲身影》（『二十歳の火影』講談社文庫、一九八三年）是描寫作者自身經驗的隨筆散文集，雖然不是小說，卻也精彩地捕捉到搖曳的青春像。高中時代，一下課所有人都爭先恐後地衝到福利社，演出一場果醬麵包與花生麵包的爭奪戰，瘋狂地買、狼吞虎嚥。「我到現在都還記得，這種廉價的、人工色素與人工調味料的塊狀物，不知道為什麼好吃得不得了。或許可以說，**那就是青春吧**」。

「那就是青春吧」，這句話說得好。不論是誰，在講完自己青年時期遭遇到的失敗與幹過的蠢事之後，再加上這一句話，感覺就像下了結論一樣。喝醉酒從屋頂上跌下來；把消毒用的酒精混著糖水喝，差點送命等等——這是宮本輝呈現給我們的青春像。這樣的青春像雖然是一九六〇年代的產物，卻和更為古老的青春像有重疊之處。

然而到了一九八〇年代，青年的樣貌有了相當大的改變。「疾風怒濤」這句話可以說完全沒有人使用了。過去說到「自殺」就讓人聯想到「青年」，但這時候青年的自殺也減少了，自殺的風潮反而是發生在四十幾歲的中年人之間。於是在美國和日本，都有人提出「青年期平穩論」的學說。這個看法認為，青年期的人有各式各樣可以享受、玩樂的事（例如體育活動等等），也有人夢想著將來的成功而勤勉向學；他們距離「苦惱」、「破壞」等等，非常遙遠。

一九八一年出版，田中康夫的《說不上來為什麼，總覺得……像水晶一般》（『なんとなく、クリスタル』河出文庫），輕快地描繪出平穩的青年樣貌。這部作品的最後，有這樣一段文字。

淳一和我，過著沒有任何煩惱的生活。

我們購買、穿著、吃一些說不上來為什麼，總之感覺很舒服的東西。而且，我們聽一些說不上來為什麼，總之感覺很舒服的音樂，去一些說不上來為什麼，總之感覺很舒服的地方散步、遊玩。

只要兩個人在一起，似乎就可以度過一個說不上來為什麼、總之感覺很舒服、像水晶一般剔透的人生。

那些認定青年就是「應該感到痛苦」、「應該煩惱」、「應該反抗」的人們，對這部作品感到強烈的反感。這樣的青年，完全吻合「當今的年輕人實在是……」這樣的感歎。也有人擔憂，我們可以把日本的將來，交給這種頭腦空洞、心靈空虛的青年嗎？作品中有一段文字，正好是對於這種「大人」——也許說「大叔」更貼切——的反駁。小說中第一人稱的敍述者「我」，是一個大學女生。「我」對和自己發生性關係的男學生說，兩人的生活感覺之所以相似，是因為「生活，一定就像水晶一樣清澈透明吧。沒有什麼值得煩惱的事……」

「像水晶一樣啊……。吶，我只是突然想到的。我們從來沒有像哲學少年那樣，想過『青春是什麼！』、『戀愛是什麼！』這樣的問題，不是嗎？也不怎麼看書，也不曾因為對什麼事情熱衷，而變得像傻子一樣，你不覺得嗎？不過，我們的頭腦並不空洞，也不是渾沌不明。並沒有對一切都失去興趣，當然也不會黯淡消沉。而且，我們也沒有單純到不加思索，就接受他人意見的地步吧」——那男生這樣回答。

他們並不像「大人」所擔心的那麼「頭腦空洞」或「單純」。關於這一點，其實沒有必要那麼擔心；事實上不管是青年也好、老年人也好，不論在哪方面，用「應該如何如何」這種劃一的標準來看待、期待他們，都是不對的。

話說回來，我們應該如何看待青年期平穩論？它所說的，果真是事實嗎？如果事實真是如此，那麼這樣的情況是怎麼發生的？關於這些問題，如果不能提出某種解答，那麼本書就一點價值也沒有了。即便如此，本書的第一章就用「青春是什麼」作為標題，卻引用關於沒想過「青春是什麼！」、也「不怎麼看書」的「青年」的書，有趣之餘，其實反映出現在青年的問題。搞不好本書的讀者，都是四十歲以上的人也說不定。

02 春天的到訪

上文介紹了所謂的青年期平穩論。和從前比起來，現在的青年之中過著「平穩」生活的人，也不在少數。雖然我覺得《說不上來為什麼，總覺得……像水晶一般》裡所說的，「過著沒有任何煩惱的生活」，聽起來多少有些青年人逞強的味道，但無論如何，從前「青年就是煩惱」的形象日漸稀薄，這是事實。不過，事情沒有那麼單純；有些青年正深陷痛苦的泥沼之中，這也是事實。而且甚至可以說——之後我們將實際指出——情況遠比從前的青年們，更為嚴重。

在這一個章節，我想要以畏懼「春天的到訪」，視其為毒蛇猛獸的現代青年的身影，作為探討的主題。身為心理治療師，我接觸過許多這樣的青年。在一般人的眼中，他們所呈現出來的樣貌是「病態的」。但本質上，他們和「過著沒有任何煩惱的生活」的青年，並沒有太大的不同。一般人所說的健康與病態、正常與異常的分類，實際上並不是那麼的明確。我們甚至可以說，「青春」正是打破這種界線的經驗。因此，儘管在這裡我們要談論的是處於疾病狀態中的青年，卻也能夠幫助我們認識青年一般的情況。

對人恐懼

對人恐懼症是青年期容易罹患的精神官能症之一。雖然感覺上這二、三十年以來，對人恐懼症的患者有減少的趨勢，但是它很適合作為我們討論的起點。

對人恐懼症雖然有各式各樣的症狀，但共通點就是患者在與他人接觸的時候，感到強烈的不安。比方怕自己會因緊張而臉紅，不安得說不出話來；或者以為自己身上有一股奇怪的臭味，擔心受到周遭人的嫌惡。跟家人在一起時不會不安，有時候面對完全陌生的人也不會有事，唯獨和一般認識的人相處時感到困難。不曉得自己和他人之間應該保持多少距離、如何保持距離。嚴重的時候，甚至害怕出門，一直把自己關在家裡。

進入青年期以後，所謂的「自己」有了相當大的改變。當我們說這就是「我」的時候，這個「我」到底是什麼？自己也變得不明白。這個「我」可以說每天都在變化，難以捉摸。自己產生變化，同時表示自己與所接觸的他人之間關係也在改變。然而站在當事者的立場所感覺到的，卻是他人發生了急遽的變化，不知道如何應對。比如說過去覺得很溫暖的人突然變得冷淡，或是原本親近的人突然感到疏遠。

我想聊一個個案的例子，已經是相當久以前的事了。一位女學生突然對外界感到恐懼，待在宿舍裡一步也無法外出，於是來找我諮商。期末考就快到了，如果再這樣下去，她將因無法參加考試而留級，因此拚了命地努力出門，來尋求我的幫助。明明就在不久之前，她都還可以很平靜地上學，自己也不知道為什麼會變成這樣，束手無策。我仔細聽她的敍述，原來她經常感覺發生地震，受到驚嚇。步行來找我的途中，也以為道路開始搖晃，地面好像要裂開，害怕得不得了。她稱呼自己的症狀是「地震恐懼症」。常常心裡想「啊！地震了！」回過神來才發現地面一點都沒有搖晃。這樣的情況一天要發生好幾十次。

在「山窩」（譯按：日本在山林、河岸過著漂泊生活的遊居民）的語言中，稱呼地震為「ははゆれ」（母親的搖動）。母性的大地搖動了。人們原本身在與母性大地的一體感中，處於一種安定狀態，現在卻感覺到地基逐漸崩塌的不安。我認為這位女學生的對人恐懼症，就呈現了這樣的樣貌。

春天的意象

女學生的地震恐懼症，讓我想起希臘神話中荻米特（Dēmētēr）與波瑟芬妮（Persephonē）的故事。這兩位女神是一對母女，主要是在希臘的以厄琉西斯（Eleusis）受到人們的祭拜。有一天波瑟芬妮在原野上摘花朵，冥王黑帝斯（Hādēs）突然駕著四輪馬車出現，強行擄走波瑟芬妮，回到地底下。

突然失去女兒的母親荻米特悲傷地歎息，四處旅行尋找女兒。荻米特是掌管豐收的女神，她一悲歎，大地為之枯萎，眾神皆不知所措。於是天神宙斯（Zeus）命令黑帝斯將波瑟芬妮歸還給她的母親。

黑帝斯表面上聽從宙斯的命令，但是卻心生一計，讓不知情的波瑟芬妮吃了四粒石榴籽。依照命運女神的規定，吃過冥界食物的人或神，必須留在冥界。於是黑帝斯主張波瑟芬妮應該要留在冥界。但這樣一來，大地乾涸、萬物凋零的問題無法解決。於是宙斯提出妥協的辦法：吃了四粒石榴籽的波瑟芬妮，一年之中有四個月住在冥界，剩下的八個月則回到地上與母親同住，黑帝斯也同意了。

從此以後，一年之中有四個月波瑟芬妮離開荻米特，居住在地下，大地也隨之乾枯而進入冬季；當波瑟芬妮回到大地的時候，春天來臨，隨後草木結實。人們因此認為，波瑟芬妮回到地上來的春天，是值得慶賀的事情，於是舉行春之祭典。這個故事和「死與再生」的主題有關。對農耕民族來說，已經死去的穀類草株在春天「再生」，是一件不可思議的事，同時也是值得敬畏的事。人們在春天強烈感受到生命的氣息，甚至令他們害怕。

所以，春天的意象與其說是和煦、明淨，還不如說是給人畏懼、驚悸的感覺。春之祭讓人感覺到強烈的生命力，「死與再生」的歡愉滿溢而出。現代人可能已經忘記春天所擁有的這種驚人的力量了。隨著社會發展，我們已經很難有機會再目睹麥子的芽從土中鑽出的瞬間，將那一刻和再生少女波瑟芬妮的姿容重疊。

雖然說在現代，特別是在先進國家——從表層的現實來看——春天已經失去它驚人的力量，但是當我們把目光移往人的內在世界的時候，千萬不可忘記，太古以來的春天意象，至今仍然深深地影響著我們。青春期可以說就是人生的春天；我們不妨想像，處於這個階段的所有男性與女性，在他們內心的世界裡，像黑帝斯與波瑟芬妮這樣的「眾神」，正在舉行春天的祭典。

至於那位患了「地震恐懼症」的女學生，如果我們想像她是對劈裂大地而出的黑帝斯形影感到害怕，就不難瞭解她的症狀。對她提出「享受青春、享受青年期」的忠告，不會有任何幫助。這個女孩子正在經歷的「春天」，和恐懼的情感牢牢地結合在一起，幾乎感受不到任何樂趣。只有對她所體驗的恐懼產生同理心，揭露其恐懼的本質，才能夠走出下一步。如果能夠越過這個關卡，她就能夠品味青春的樂趣。

比較起來，女性中有較多的人，在較早的年齡，就已經強烈感受到春天的到訪和恐懼是緊緊結合在一起的。男性在青春期早期，很少有這麼強的感受。這恐怕和身體發育的差異，有很深的關聯。面對自己的「春天」，該如何生存下去？男性大多在進入青年期中期之後，開始遭遇這樣的煩惱。當然，這只是就一般狀況而言，每個個體都有不同的情況。縱使如此，我們仍然必須清楚地認識到，春天的意象所具有的「恐懼」情感。

無氣力

春天的到訪，不一定都會帶來「恐懼」。也有一些青年被兇猛的「春天」占據了自我，演出瘋狂失控的行為。曾經有暴走族的少年，事隔多年以後表示，在那段失控的時期中，不可思議地絲毫感覺不到恐懼。後來回想起來，也覺得自己做了許多可怕的事，不過當時一點感覺也沒有。現在若有人要他再做一次同樣的事情，他會害怕到怎麼也做不到。這種情況，可以說他是被黑帝斯奪走了自己的主體性，並將春天帶來的「恐懼」潑灑到周圍的人身上。當他恢復了人性的情感，就再也做不出那麼可怕瘋狂的事了。

自己感受到恐懼，或是把恐懼散播給周圍的人，都能讓我們感覺到「春天的到訪」。但也有一種相反的情況，不要說是恐懼了，當事者完全感覺不到任何情感。失自我感障礙症（Depersonalization disorder）是青年期會出現的症狀之一。有這種症狀的患者，為了保護自己不受負面的、可怕的情感經驗侵害，彷彿將自己關閉在厚厚的玻璃罩子裡，現實對當事者來說，感覺好像不是真實的。

有的人描述自己感覺「外在的世界看起來像一幅畫」。也有人表示即使在笑的時候，也不知道自己「是不是真的高興」。我們不在這裡詳細討論失自我感障礙症，不過我想強調一點：患者的內心深處正發生激烈的、駭人的風暴，如果原原本本地接受從中產生的情感經驗，將會陷入危險的狀態，所以不得不將自己關閉在玻璃罩子裡，以求度過難關。事實上有些患者在失自我感障礙症的症狀持續了一段時間之後，發展成嚴重的精神疾病，也有人自殺。可以想像的是，他們用來抵抗情感風暴的力量，已經耗盡了。這樣的青年，如果從來沒有告訴任何人失去自我與失去現實的感受，那麼他的自殺在旁人看來，就變成完全無法理解的。

還有另外一種狀態，雖然沒有上述的「症狀」，但當事者沒有動力做任何事情。雖然「什麼事情都不做」的狀態，也可以說是一種「症狀」，但是這樣的現象對周圍的人來說是無法理解的，光是看到就令人生氣。當事者本人也只是覺得什麼事都不想做，並沒哪裡疼痛或不舒服，這使得情況更糟。當事人也會自責是「懶惰鬼」，但這樣做一點用也沒有。

這種「無氣力」的狀態也有很多不一樣的情形。以學生來說，有的人打工或遊玩的時候還多少有些氣力，但就是沒辦法修完足夠的學分，無法從大學畢業。他們因此一再地留級，但是在旁人看來，他們是很有精神的，於是常常被烙上「任性」的印記。

和這樣的青年見面，會感覺到他們內心深處發生了某些事，既不能稱為「春天」，也不是「恐懼」。當事人也沒辦法意識到那是什麼，只看到它造成了「無力感」的結果。打個比方來說，好像有一條隱形的繩子綁住他們的雙腳，雖然誰也看不到，當事人卻陷入無法動彈的狀態。

換種方式來說──這一點我們會在本書中繼續討論下去──當事人一旦被內心底層的某種「內容」奪走了心，就會覺得我們在日常生活層次中重視的那些事情，比方學業、就業、戀愛等等，顯得非常愚蠢，無法興起為這些事花費力氣的意願。只不過，要意識到奪走他們心的「內容」是什麼，或者是把它化為言語，對當事人來說非常困難；所以就算他們能夠表達出「唸大學也沒什麼用」、「就業這種事很無聊」等等想法，要是問他們為什麼無聊？在學業與就業之外，哪些是有意思、有趣的事情？他們卻答不上來。所以，他們很容易就給人「盡說些自私任性的話」或是「只不過在虛張聲勢」等等的印象。

要和這樣的青年持續會面，相當困難。但是如果能夠瞭解上述的因素，在和他們見面的時候，心裡清楚他們並不是懶惰、也不是自私任性，有時候在經過一段長時間以後，蟄伏在當事人內心深處的「內容」會化為具體的意象，透過夢、繪畫或沙箱1等媒介表現出來。這種時候身為治療者的我們，會體會到深深的感動。看到許多年一直處於「無氣力」狀態的人，在掙脫困境之後，不但在社會生活上沒有任何問題，而且還成為優秀、活躍的人才，真的是令人高興的事。近年來人的生命變長了，就算有幾年的遲滯，也不會造成什麼問題。

1　編註：沙箱治療，Sandplay Therapy，又稱沙遊治療，瑞士心理學家 D. M. Kalff 所創。

03 心的結構

雖然再不進入正題，好像有點不知趣，不過我還是想先從「深層心理學」的觀點，說明一下到目前為止我們敘述過的事情。可能會有讀者質疑，我們到底什麼時候才要談到「夢與遊戲」？但我認為在談論「夢與遊戲」之前，需要足夠的導言（話雖如此，在這段導言裡也會出現夢與遊戲的話題）。我認為「夢與遊戲」在人生中的重要性，再怎麼強調也不為過，而且甚至可以說，我的職業正是和「夢與遊戲」息息相關。但是這樣說有一個重要的前提，那就是對工作與外在的現實——這兩項和夢與遊戲正好處於兩極——必須有清楚的認識與踏實的態度。以心理學的語言來說，如果沒有相當程度堅定的「自我」，就無法談論「夢與遊戲」的問題。所以，在進入正題之前，我們無論如何都需要詳盡的導言。

自我的形成

仔細想想，這真是不可思議的一件事——人都以為「自己」這個存在，是獨一無二的存在，懷抱著這樣的信念活在這個世界上。雖然相信輪迴轉世的人，認為「自己」曾經存在於過去，死後也能夠繼續存在，但即使如此他們也不認為這世上存在著另一個和自己完全相同的人。這個獨一無二的自己，能夠清楚地認識心的內外狀況，再根據這樣的認識，自主地決定自己的行為，並承擔責任——讓自己、也讓別人意識到這樣的自己（具有一貫性與統一性的存在），是生活在現在這個時代必要的條件。這樣的主體，我們稱它為自我。

只要是人，就有「自我」。「自我」隨著文化與年齡，有各種不同的樣貌。不過，個人若是要得到他人的認同，被承認是「成人」，他所形成的「自我」就必須能夠發揮特定的作用，讓他所屬的社會承認他是該社會的成員。剛剛雖然我說自我的工作之一是「自主地決定自己的行為」，但其實這件事是有問題的。舉例來說，從前的武士若是要變為「成人」，就必須形成「絕對服從主君命令，不惜捨棄生命」的「自我」。雖然這種時候我們也可以說他「自主地決定」服從主君的命令，但如果是現代人，一定會有不一樣的決定吧。

不聽從他人（即使是主君）的意志，依據自己的意志作決定，從事自己想做的事，並且為之付出——也就是所謂的「commitment」（承諾、致力、獻身等意）——在我們這個時代得到很高的評價。這個時代普遍認為，自我應該要有足夠的力量，去「commit」我們判斷為必要的事。但即使是西方，在近代以前「commit」這個字也只用來表示負面的、否定的意思，比方「犯罪」（commit a crime）、「自殺」（commit suicide）等等。那是因為過去在西方人的想法裡，把一切交付給神的意志，才是人本來的、正確的生活方式；要是人膽敢「commit」，一定不會有好事發生。

所以，西方近代所強調的所謂「自我的確立」，其實在世界精神史之中是稀有罕見的事情。這個情況下所形成的「強大的自我」，可以說席捲了全世界；整個世界都進入西方文明的支配之下。於是在日本，所謂「自我的確立」變成很重要的事；在明治、大正時代的日本文學之中，「自我的確立」成了重要的主題。人們感覺到，為了確立具有主體性的自我，必須斬斷日本家庭的枷鎖與牽絆，因此有許多文學青年離家出走，一時之間日本文學呈現出的樣貌，讓人忍不住要稱之為「逃家者的文學」。

但是，人不是那麼快就能改變的動物。實際上，日本人想要形成和近代西方人相同的自我，幾乎是不可能的。舉例來說，文學家們脫離了家庭，卻又組成「文壇」（這也是一種「家」），活在它的柵欄裡。不論什麼都好，如果沒有某種牽絆，日本人的自我很容易就會陷入不安。關於日本人的自我和西方人的自我究竟如何不同，我在其他地方談論過許多次，這裡就不再重複。總之我認為，身為日本人應該要對這件事有充分的自覺。

用簡短的一句話來說，西方近代的自我對自己的認識，是與他人相當分離的存在；相反地，日本人的自我總是意識到自己與他人的牽連。如果對這兩種自我的相異沒有自覺，彼此就會產生誤解而相互責難。以我本身來說，我覺得很難說哪一種自我比較「好」；但同時我也認為，既然今日我們已經如此廣泛、深入地將西方文明的成果，融入我們的生命、生活之中，那麼我們也應該以相等的程度，採納西方式的自我形態。否則，很難在這個國際化的時代生存下去。

現代青年的自我

我在瑞士留學，取得榮格派分析師的資格，於一九六五年回到日本。從那時候以來，我一直與許多日本的青年往來。不只是以大學教師的身分和學生接觸，同時還認識許多以心理治療師為志向，接受我指導的青年，以及懷有某些煩惱或症狀，前來尋求諮商的青年。雖然許多年下來已經累積了不少經驗，但是日本青年自我的軟弱，仍時常讓我啞口無言。特別是那些想要成為心理治療師的人，我常常想要對他們說：「你的自我這麼軟弱，終究是無法適任這個工作的，還是放棄比較好」。但是，由於這樣的現象實在太過普遍了，或許在責難他們之前，我們應該先要好好思考這件事。

針對現代日本青年自我的軟弱，我有以下幾點想法。首先，雖然剛才我們說過，日本傳統的自我樣貌，和西方近代是不同的，但是由於日本人的思考方式持續在變化之中，關於我們應該培育什麼樣的「成人」這件事，大家的想法變得非常模糊；日本的整體社會，並沒有明確培育「成人」的系統。其次，現在年輕人在青年期被迫面對和從前不同的深層無意識內容，因此想要建立堅定的自我，變得非常困難。我認為這不只是現代日本青年的困境，而是所有先進國家共通的問題。第三點和前面兩點有關，生活在現代的青年，想要用意識形態（不論是哪一種）來武裝自我，已經變得極度困難。

思考了這幾點以後，我有了不一樣的認識。現代青年自我的軟弱，或許不應該受到那麼大的責難；因為他們所背負的課題，和我們年輕的時候非常不同。於是我變得無法輕易說出「你的自我太過軟弱，無法成為心理治療師」這種話。當然，我的意思並不是軟弱的自我比較好，我認為自我應該受到強化。只不過，我們也應該認識到，要強化自我是相當困難的事，而且需要相當的時間。

三田誠廣的《我到底是什麼？》（『僕って何』河出文庫、一九八〇年）很生動地記述了現代青年自我軟弱的樣貌。主人翁是一位大學生，在入學的時候，被捲入了當時激烈的學生運動之中。他並沒有清楚的意見或判斷，只是受到自己稚嫩的正義感驅使而行動。被學生運動狂潮淹沒的主人翁，在母親出現後，終於沉靜下來；故事就在「我到底是什麼？」的質問中結束。

有許多「大人」在讀了這樣的作品後，批評「最近的青年實在不像話」。這些人感歎：「我們在青年時代，比他們更具有判斷力、更為自主」。然而，他們卻沒有想過，養育出這樣的青年的，正是這些「優秀」的大人所形成的社會。這些優秀的大人們，也應該學學這位青年，想一想「我到底是什麼」。從前的青年們，真的有那麼了不起的自主性，足以讓他們在這位主人翁面前賣弄嗎？

最近有許多母親陪著孩子去參加大學入學考試，甚至連孩子求職面試的時候，都陪在身邊。於是有很多人責難現代的青年過度依賴母親，沒辦法自立。那麼，過去的人又是如何呢？

為了清楚地比較現在與過去，讓我們來回想一下從前的青年所過的生活（譯按：大約一百年前）。從前的青年到了一定的年齡，就必須離開原生家庭，搬到村落裡年輕人共同居住、生活，稱為「若眾宿」的地方。也就是說，透過社會的力量，促使青年脫離母親；但他們仍然受到「年輕人團體」這個情感上的一體感支持，在母性團體（譯按：指集體生活的年輕人團體）的保護之下生活。「母－子」關係始終受到重視，只不過從親生母親與兒子的關係，轉變為母性團體與其成員的形態。青年就算與母親分離，但是他和母性的連結卻沒有切斷。像這樣的機制巧妙地重疊、銜接，青年雖然成為脫離母親的「大人」，卻也被訓練成將自己與所屬團體的一體感，視為第一優先順位的人。雖然他在團體內是自主的，但是他並不會發揮足以破壞團體一體感的個性。

日本即使在進入近代以後，類似「若眾宿」這種將青年轉變為「大人」的機制，也一直持續存在。有時候是軍隊，有時候是同學、校友的團體，或者是大學的社團等等，發揮了若眾宿的機能。因此，如果是在限定的範圍內，過去的年輕人看起來似乎比較具有「自主性」，也「脫離母親而獨立」；但是從比較廣的角度來看，從過去到現在，基本的模式並沒有改變。現代的日本人在核心家庭中養育孩子時，某種程度上是在心中描繪著西方近代的人際關係，但他們完全沒有學到西式的教育方法，而日本傳統的社會制度又已失能——因此日本青年的自我軟弱，是當然的事。現代的孩子在沒有受到任何自我強化訓練——不論是日本式的，或是西洋式的——的情況下，就直接迎向了青年期。

「不解世事」的青年進入大學的時候滿腹困惑、不知所措的模樣，《三四郎》與《我到底是什麼？》都有生動的描寫。但是，出現在三四郎面前的与次郎，以及「我」面前的學生運動家，兩者帶來衝擊的程度，則有明顯的差異。雖然与次郎也不斷地帶給三四郎各種驚奇，但他仍然活在日本母性的牽絆裡。而《我到底是什麼？》那時候的學生運動家則受到內心衝動的驅使，無論如何就是想破壞日本式的事物。然而，由於他們在這方面過於缺乏自覺，運動並沒有太大的成果；最後就像這部小說的主人翁那樣，回到「媽媽」的懷抱，尋求拯救。

心的多層結構

前文從社會體制的關聯，稍微探討了自我的形成過程；現在讓我們從個人內心內在經驗的角度，來思考這件事情。人在剛誕生的時候，並沒有什麼「自我」意識這類的東西；後來在與外界的互動間，才逐漸開始意識到自己是與外界不同的、單一的存在。這部分的經過非常有趣，但在此暫且略過不談，我們把焦點放在從小孩變成大人的過程。從前在非近代社會裡，透過「成年禮儀式」這個社會整體的巧妙機制，孩子們在一夕之間成為大人；但是近代社會失去了這個機制，孩子們必須經過「青年期」這段時期，慢慢地變成大人。要度過這段時期，對孩子來說是艱苦的考驗。

孩子們會以他們自己的方式，形成孩子特有的「自我」。但是這樣的自我，仍然依賴大人而存在。孩子的自我要成為大人的自我，必須在相當程度上，打破對他人的依賴，重新塑造成為具有自主判斷力、能夠思考並決定自己與他人關係的自我。同時，性衝動——為了發揮物種保存的功能，促使我們在身體方面與異性發生關係的性衝動——應該在一個人的「自我」中占據什麼樣的位置？這也是必須完成的課題。

這是人生中的重大任務之一，同時也是充滿危險的工作。就像我們剛剛所說的，在非近代社會裡，這樣的工作是透過成年禮的儀式，「在一夕之間」完成的。不過，只要詳細調查就會知道，所有這一類的儀式都是冒著生命危險的。非近代社會，是在部族所信仰的「絕對存在」（譯按：指部族各自所信仰的神、祖靈等等超自然的力量），以及該部族的社會秩序守護之下，進行這樣的儀式。

在近代社會裡，首當其衝為這個危險的過程（從孩子轉變為大人）擔任守護工作的，就是家庭與家人。如果這個家庭信仰某種特定的宗教，那麼這個宗教也會提供重要的保護。存在於家庭背後的社會結構，當然也是保護者的一部分。在這個自我重組的過程（從孩子變成大人）中，個人的一切都產生變化。所謂的一切，不只是指身體與心理都產生變化，用深層心理學的語言來說，無意識的領域也會產生劇烈變化。無意識的活動以各式各樣的形態，對意識發生作用；當這樣的作用呈現出「病態」的樣貌時，會出現什麼樣的情況，我們在上一節已經有初步的介紹。

我經常在許多場合提到，榮格將人生分為前半與後半，來思考自我實現的過程。他主張將無意識分為個人無意識與集體無意識。先不論如何命名，我認為像這樣把心的深層分成兩層來思考，是符合實際情況的。而且，這種分成兩層的想法，有助於我們透過自我與無意識的關聯，去思考、理解人類的行動。

如果我們採用榮格的這個想法來看，從前的青年多半只有在自我與個人無意識的關聯中，意識到自我的變化；要等到中年以後，他們才會意識到並處理更深層的集體無意識問題。因此，榮格認為自我實現的作業，是在人生的後半進行的。但是在現代，這樣的區別並不明確。雖然就一般狀況而言，榮格說的並沒有錯，但是現代的青年遠比從前的青年，要直接面對更多集體無意識的內容。

造成這個現象的原因，恐怕和近代人失去了宗教組織化的保護有關。同時，過去由於價值觀比較單純，家庭與社會的結構也相對容易理解，青年們就生活在這樣的家庭與社會守護之下。然而到了現代，隨著價值觀的多樣化，家庭與社會都失去了力量。因為人總是為了追求自由而行動，先前在我們的敍述中所有的「守護」、「保護」，（只要換個角度）其實都可以替換成「束縛」。因此也可以說，我們為了自由斬斷了多少束縛，就必須承擔多少守護力變弱的問題。

這種社會全體的變化是好還是不好，再怎麼討論也無濟於事。懷念「從前的美好時光」或許會帶來某些慰藉，卻不能解決事情。只要我們努力追求自由，個人的責任也必然會隨之擴大。因此我們只能認清上述的事實，在這樣的基礎上思考青年的問題，除此之外別無他法。對於身處於這種狀況下的青年們來說，如果可以在某種程度上引用前人的模式當然也不是壞事，否則只好從青年期就開始一邊面對深層無意識的內容，一邊形成自我，同時進行這兩種艱鉅的任務。要不然，就是要將內在的工作延後到中年期再處理，暫時先從事外在方面的努力，學習必要的知識與技術，讓自己能夠以大人的身分行動，作為一個能夠「獨當一面的人」在社會上生存下去。

在這樣的狀況下，現代的青年們即使想要藉由某種意識形態武裝自己、保護自己，也變得非常困難；自我會呈現軟弱的樣貌，也是理所當然的。這種事情終究是相對的。我們不妨這麼說：現在的青年並不是比過去的青年軟弱，而是因為加諸在他們的自我上的負擔增加了，同時因為當前的環境對他們應該塑造什麼樣的自我，並沒有明確的指示，使得他們顯出軟弱的模樣。明白這些原因以後，大人們就會瞭解，青年們的課題就是自己的課題。不去認識這樣的事實，光是感歎「最近的年輕人如何如何」，不會有任何幫助。不僅如此，身為「大人」的我們，更應該要檢討自己的自我。這樣我們才會明白，和現代的青年們往來，是一件有意義的事。

04 現代的青春像

有些人認為在當今這個時代，「青春」已經是個廢棄的詞彙了。的確，說不定從前那個年代的「青春」，如今真的已經不復存在。但是如果思考前述的事情，我們還是可以看到當代的青春像。雖然它和往昔的青春像有不同的面貌，卻仍然能夠讓我們感受到「青春」的氣息。讓我們看看吉本芭娜娜在小說《鶇》之中，所描寫的現代青春像。

TUGUMI

小說中登場人物的名字，可以激發讀者各式各樣的聯想，所以非常重要。這本小說主人翁的名字「つぐみ」如果寫成漢字「繼美」，或許就不是那麼特別，但是寫成羅馬拼音「TUGUMI」就會讓人聯想到「鶇」這種鳥，感覺便很不尋常。書的開頭第一句就直接了當地寫著：「鶇的確是個討人厭的女孩」。她「陰險、粗野、刻薄、任性、有恃無恐而且狡猾。看她在絕妙的時機踩到人家的痛腳時，那副得意洋洋的德行，簡直和惡魔沒有兩樣」，是從前的「青春文學」中從未登場過的女性。但是，鶇雖然已經二十歲了，卻有許多地方保有少女的特質，與其稱她為「女性」，更讓人想稱她為「少女」。

這部作品是比鶇大一歲的大學生白河・瑪利亞，以第一人稱描寫她和鶇共度某個夏天的回憶。鶇有一位大她兩歲，名叫陽子的姊姊，心地善良溫柔，和鶇的個性正好相反。故事就在那個暑假，圍繞著陽子、鶇、瑪利亞三位女性發生。

小說中也告訴我們，鶇為什麼會發展出這樣的性格。鶇從一生下來體質就非常虛弱，「醫生判斷她活不久，家人也早做了心理準備」。因此家人都非常寵愛、縱容她。書裡面描述了鶇乖張的行為，這裡省略不予引述。有一次家人為了鶫的無法無天感到悲傷不已，她卻訕笑他們說：「喂，哭個屁啊，要是我今天晚上死了，你們作何感想？」她用男性的語氣說話，給人很深的印象。

這樣的鶫對年輕的——特別是女性——讀者來說，應該是有無限的魅力吧。當然，想要真正感受她的魅力的話，必須讀完整篇小說，在這裡也沒有足夠的篇幅詳細介紹。不過，關於鶫為何擁有如此的魅力，作者做了以下的說明。鶫的男友恭一，有一次在談到鶫的時候這樣說：「我呢，想到她的時候，常常不知不覺就會聯想到一些巨大的事物」，「想著想著，就一定會碰觸到許多龐大無比的東西：人生啊、死亡啊什麼的。並不是因為她體弱多病的關係，而是看著她的眼睛，旁觀她的生命態度，很自然我就變得正經嚴肅起來」。

「鶫的存在本身，讓我們和一些巨大的東西產生連結」——作者這樣說。就像我們先前所說的，鶫和從前的青年不同；鶫和「心」極深之處的底層，是連接在一起的。一個人一旦和心的底層產生聯繫，平常人汲汲追求的財產、地位、名譽等，都會在一瞬間失去價值。我們已經看到過，現代青年所背負的課題是如何深重；鶫的情形就是如此（雖然也有人因為這負擔實在過於沉重，而選擇全然的逃避）。我們也可以理解為什麼鶫會有那種破壞性的言行，藉由破壞我們在表層搭建的蜃樓，鶫向我們訴說著深層的存在。

感傷

從鶫的相貌感受到魅力的人，一定會為她「反感傷」（anti-sentimental）的態度大聲叫好。「黑亮的長髮，透明般白皙的肌膚，超大的眼睛，睫毛又濃又長；當她閉上眼睛，睫毛還會在臉頰上留下淡淡的影子。秀氣的手腕上看得見細細的藍色血管，而雙腳是那麼修長。她的體型嬌小，五官端正，看起來就好像諸神的手捏塑出來的美麗玩偶」。這樣的她卻發出驚人之語，帶給讀者很大的衝擊，感傷主義者都要聞聲而倒。

鶫很喜歡一隻叫作波奇的狗，但是她卻說當大饑荒來臨，真的找不到食物的時候，「我希望能成為一個，可以平心靜氣地把波奇殺來吃的人。不用說，我要做的不是那種，事後暗自啜泣、感謝牠的犧牲，向牠說抱歉，又幫牠做墓，把牠的一塊小骨頭當作項鍊一直掛在身上之類的半吊子傢伙；我想成為的，是那種既然做了就不後悔，更不會良心不安，徹底的冷靜，還會笑著說『波奇真好吃』的人。當然，這不過是一個比方而已啦」。這是典型「反感傷主義者」的話語。

一直到第二次世界大戰前，德國學生們所唱的學生歌曲，還有受到德國影響的日本舊制高校生所唱的歌曲，大部分是多愁善感的。一提到青春，感傷的情緒就會波動。但現代的青年其實對這一點大多很反感，特別是女性，應該有很多人看了鶇的話以後，會忍不住大聲叫好。為什麼會產生這樣的變化？

關於感傷主義（sentimentalism），大江健三郎在小說《人生的親戚》（『人生の親戚』新潮文庫、一九八九年）中，透過書中人物之一，引用美國天主教徒女作家芙蘭納莉·歐康納（Flannery O'Connor）的話。歐康納曾經說過，過度強調純真，將走向相反的極端。雖然我們原本就已經失去了純真。她還說，經由耶穌的贖罪，我們將花費很長的時間——而不是在一夕之間——慢慢地返回天真無邪的狀態。跳過現實的過程，輕易地回到虛假的純真，那只不過是 sentimentality 罷了。

如果把這一番話的意思推得更廣一些，我們可以說為了實現理想，必須「花費很長的時間——而非一夕之間——慢慢地」前進。「跳過現實的過程，輕易地」夢想著理想的實現，可以說就是所謂的多愁善感（sentimental）。因為光有夢想卻無現實上的努力，所以產生了過剩的情感。從前的青年就透過高聲主張這樣的情感，來「謳歌青春」。

但是，關於現實，現代的青年擁有豐富的資訊，所以他們很清楚半吊子的理想是不會實現的。相反地，從前的青年相信理想總是會實現，故而懷抱著各自的夢想；但因為理想不是那麼簡單就可以實現，所以他們受到感傷主義的侵擾。而現代的青年為了表示自己不像從前的人那麼天真幼稚，或者為了否定長輩對他們的期待，於是他們就像鶇一樣，期許自己「希望能成為一個可以平心靜氣地把波奇殺來吃的人」。

他們的自我期許雖然和從前的青年不同，但是這樣的高聲主張，正是青春的特徵。清醒的大人在食物不虞匱乏的時候，連想都不會想到把波奇拿來吃，但是真的發生飢荒、萬不得已的時候，他們也只好把波奇當作食物，如此而已。他們的生活沒有餘裕去思考非現實的事情。《說不上來為什麼，總覺得……像水晶一般》裡的對白「沒有什麼煩惱這種東西」，也有類似的性格。現代的青年想說的是，他們沒有那種讓過去的青年抓破頭，臉色蒼白地陷入沉思的「煩惱」。這可以說也是一種「反感傷主義」的表達。但實際上，這並不表示現代的青年沒有「煩惱」。我認為這反而表示他們的煩惱過於深沉，以至於當事者無法有意識地、以他人能夠理解的方式表達。

死亡

剛剛我們說，鶇與心的深層連結，是她魅力的來源。那意味著，她意識到自己的生命和死亡是極為接近的。在人類的生命背面，死亡緊緊相隨；只不過人在活著的時候，一般並不會意識到這件事。但是，一旦我們面對著死亡活著，就可以看到平常人看不到的真實。鶫之所以經常語出驚人，就是這個緣故。聽起來無理、過份的話語，卻傳達了某種真實。

鶫因為身體病弱，從小就面對著死亡生活。不管是誰，在青年期的時候都會想到死亡。人在青年期所發生的急遽變化，許多時候對當事者的意識來說，是一種「死與重生」的過程，因此在某種意義上，青年期會讓人感受到死亡是近在咫尺的事情。但在另一方面，青年期卻又充滿了強韌的生命力，因此即使思索死亡，也不至於陷入其中而無法自拔。當然，從前也有些人從青年期開始，就揮不去沉重的死亡陰影，但大多數的情況下，總有某種既有的宗教在一旁扮演守護者。考慮到這幾點，就不難了解鶫所面對的狀況是多麼地沉重。

因為鶫具有來自深處的視點，她可以看到別人所看不見的真實。但是她不願意慢慢花時間讓別人了解，她想要一口氣揭露出來，這一點讓我們看到鵜身為少年人的心性。為了拒絕傷感，也為了一次就傳達她所知道的、所有的真實，她使用男性的語調説話。這的確是一個很有效果的方法，但這種「反感傷」的語言仍然呈現出青春的特徵。在這裡我們清楚地看到先前所説的「自我的軟弱」。不過，與其説鵜本身是軟弱的，還不如説她的自我所具有的強度，和她所看到的真實的重量相比起來，不足以讓她「慢慢花時間」走過「現實的過程」。

當鵜知道恭一（鵜的男友）所疼愛的狗「權五郎」被高中生小混混殺死時，整個人抓狂，怒不可遏。她耗盡體力，拚了命地挖了一個陷阱，活埋了那個高中生。就在危急的時候，鵜的姊姊陽子發現了這件事，費了九牛二虎的力量救出高中生，鵜才不至於犯下殺人的罪行。但是鵜卻因為體力極度衰弱而住院，瀕臨死亡。

「鵜把她的生命豁出去了。」陽子[2]這樣想著。「鵜真的動了殺人的念頭。她完成了一件遠遠超乎自身體力極限的工作，並且深信一個高中生的死亡完全比不上她的愛狗之死。」這麼説的話，這和她之前所説的「希望能成為一個可以平心靜氣地把波奇殺來吃的人」，有什麼樣的關聯？其實這裡並沒有任何矛盾。鵺所說的，關於波奇的那段話，以「反感傷」的方式表達出自己的情感。而這樣的情感，正是支持她作出上述行為的動力。鵺想要一口氣實現她的理想；至於那個高中生會被她殺死，還有她自己也可能因為衰弱而病死，這些事她早已有了心理準備。

決心為了理想而赴死、想要一口氣強行實現理想，在這些方面，鵺和從前的青年並沒有什麼不同。只不過，從前的青年為了天下國家捨命，而鵺則是為了一隻狗。如前所述，居住在深層世界的鵺，在她所看到的「現實」中，狗和國家並沒有什麼了不起的差別；而不論是天下、國家或是現實，從前的青年其實都是看不清楚的，所以他們才能懷抱各式各樣的理想。在這方面，兩者之間產生了相當大的差異。

2 譯註：這裡的引文，應該是瑪利亞腦海中的獨白，不是陽子。應是河合先生的誤植。

鶇抱著死亡的預感，給瑪利亞寫了一封信，這封信就成了這部作品的結尾。但讀者們知道，實際上鶇活了下來。也就是說，鶇所經歷的，是內在的死與重生。但是，假如沒有善良的姊姊陽子，鶇或許真的已經死掉了；即使能夠活下來，也要一輩子背負著犯下殺人罪行的重擔。陽子的存在，讓鶇獲得了新生。

綜合鶇與陽子兩個人的特質，將可以達成「充分的自我強度」。從這個角度想的話，讀者們不難理解我所說的「充分的自我強度」是什麼意思。大家或許也能理解，那雖然是人生存上的必須，但是立刻把這樣的期待加諸現代青年身上，對他們是太過苛求了。我也一度對現代青年自我的軟弱感到厭煩不耐，但因為有了上述的認識，我才改變想法，重新和他們往來互動。

第二章

青春的現實

現代的青年究竟生活在什麼樣的現實中？思考一下十年前、二十年前、三十年前的狀況，就會發現圍繞著青年的環境正快速地轉變。但是，我不打算在這裡討論各個時代青年們考試、就業的狀況，或是學生的生活水準變化，那些事情交給各領域的專家去處理即可。我想做的是，從本質的意義去思考對青年而言的「現實」。在開始之前，我們有必要先釐清一個問題——對現代人來說，現實是什麼？因為，青年們是生活在這樣的、現代的現實裡。

01 現實的多層性

前一章中，我們把心的結構當作多層來思考，這個方式也適用於思考現實的結構。至於「心」和現實的關係，是像佛教所說的，有了「心」後才有現實，還是現實先於「心」存在，且存於「心」之外？讓我們不要做這種二選一的判斷。我認為「心和現實同時並存，且都具有多層的結構」這樣的想法比較具有建設性。或者我們也可以把存在的整體都看作是「現實」，只是為了方便討論，將它區分為現實（外在現實）與心（內在現實）。這樣的想法或許恰當些。

很多來到我諮商室的青年，都強調自己的父母是如何的差勁。有人感歎父親頑固、霸道、無法溝通，甚至說世上找不到那麼冷酷的人。但我在事後見到孩子所說的父親時，發現他其實不過是再普通不過的上班族。這種時候，我們（心理治療師）不會急著下判斷，不會因此就認為這是孩子任性的偏見，或者認為這位父親是對外唯唯諾諾、在家作威作福的雙面人。我會認為這種時候我所看到的這個父親，和孩子眼中的父親，或許屬於不同的「現實層」。這種事情必須非常謹慎處理，得要花時間慢慢思考。總之，我不認為有所謂「唯一正確」的現實。

那麼，如果說現實有許多種樣貌，到底現實是什麼？關於這一點，就讓我們深入追究下去。

現實是什麼

過去長久以來的刻板想法認為，現實與「理想」是對立的；青年會在追求理想的過程中遭遇現實的考驗，並因為認識到現實的嚴酷而長大成人。但是現在，這樣的想法已經行不通了。認為理想與現實相互對立的人，有時候用「夢」來形容理想，他們批判「最近的青年沒有夢想」。然而對現代的青年來說，他們想說的或許是：「理想？去吃屎吧！」

我們相信，「現實」就是我們用日常意識所理解的樣子。但是諸多報告指出，許多被宣告確診的癌症病患卻經歷了非常不同的體驗。當他們面對死亡時所看到的外在世界，是無限的光輝燦爛。他們甚至說，為什麼自己從來沒有注意到世界是如此美麗？外在事物尚且如此，人際關係方面，當然有更多的變化。就像我們剛剛說到的，別人看來極為「普通」的一個人，在他孩子的眼裡卻是個「惡鬼」。即使面對的是同一個對象，不同的人會有不同的看法，有時候甚至是完全相反的。

面對這樣的外在世界，近代科學的方法論，是將人類和其所觀察的現象分割開來，在現象裡面尋找因果關係以訂定清楚的法則。一旦知道這種普遍的因果關係，就可以操縱現象，於是在很短的時間內，人類得以開始享受便利的生活。然而這樣的法則如果出現矛盾，將造成許多困擾，所以人類開始熱衷於將現實置換為單層的、系統化的模型。

人類的生活變得便利雖然是一件好事，但由於這種認識現實的方法效果實在太好，導致許多人深信自然科學所提示的單層模型，就是現實本身。這造成了許多問題。我認為現實本身是由許多層次構成的，即使自然科學的模型在操縱現實方面具有實際效用，但它並不是現實本身，這一點就算是不願承認現實多層性的人，也應該會同意。

從前的人對於「理想」有各種不同的看法。但是進入近代以後，許多人有種異想天開的「理想」，以為只要以「理想的」方式操縱前述的單層模型，就可以讓理想具體實現。數不清的青年為了這一類的「理想」奮不顧身，結果卻慘遭挫折。現代的青年看到上一個世代的挫折體驗，實在太過沉重，以致於他們不願意談論理想。對他們來說，懷抱理想是一件荒謬愚蠢的事。

不過，在開始感歎老一輩的人有多麼重視理想，現在的青年卻沒有夢想之前，我們有必要重新思考所謂的現實到底是什麼。我認為應該跳脫「現實與夢」、「現實與理想」這種二分法的思考模式。

把理想設定在單層現實的前方，這樣的想法很容易理解，但是現代青年所面對的，卻是現實的多層性。當現實所呈現的樣貌，和他們透過日常意識所認識到的不同時，要如何應對是一件非常困難的事。一方面，現代青年從小被灌輸這樣的信念：透過對現實的操縱，沒有辦不到的事情；現實會服從我們的意志。然而另一方面，以結果來說，他們對現實其實是束手無策的。於是他們感受到極度的無力感，感覺不管做什麼都是白費工夫。對他們來說，在表層的現實中為短暫的得失一喜一憂的人們，看起來像小丑一般可笑，儘管如此，卻又不知道自己想做什麼。要想脫離這樣的狀態，只能從正視自己眼前的現實開始；除此之外，別無他法。

兩頭羊

現代青年所經驗到的「現實」，相較於從前的，在「層」的方面有多大不同？為了看清楚這一點，讓我們透過「羊」來探討這個問題。羊就是羊，古今皆然，真要這麼說也沒有什麼錯。但是明治時代的青年和現代青年眼中所看到的羊，樣貌卻是非常不同的。閱讀村上春樹的小說《尋羊冒險記》，立刻讓我想起另外一頭羊——明治時代的青年三四郎所遇見的「迷途羔羊」（stray sheep）。不管哪一邊的羊，都充滿了謎團。不過牠們所屬的「層」，是完全不同的。

《尋羊冒險記》裡有一段關於羊的說明非常有趣。日本原先並沒有羊（譯按：指綿羊）這種動物，最早是在安政年間（譯按：一八五四～一八六〇年）少量引進；大量正式引進則是在明治之後。因此，羊雖然也是十二生肖之一，但原來日本人並不知道那是什麼動物；對日本人來說，「羊和龍或貘一樣，都是想像中的動物」、「羊由國家主導，從美國進口到日本，在日本繁殖、飼育成功之後，卻又遭到拋棄」。換句話說，「羊可以說代表了日本的近代」，是一種象徵性極高的動物。

話說回來，對於明治時代的大學生三四郎來說，東京是個不斷帶給他驚奇的地方。見識到從外國引進的「近代」，使他瞠目結舌。這時候出現在他視線焦點的，是美禰子這位女性。三四郎的身邊，形成了「三個世界」。第一個世界是他所出身的鄉下，「就像与次郎所說的，飄散著明治十五年以前的氣味」。第二個是廣田老師和好朋友野野宮所代表的，學問的世界。第三個世界「光彩奪目、如春日般蕩漾。那裡有電燈、有銀匙，有歡聲笑語，有冒著氣泡的香檳酒杯；而美麗的女性就像是一頂皇冠，凌駕在這一切之上。（中略）對三四郎來說是最深奧的世界。這個世界就緊貼著自己的鼻尖，但是卻難以接近。就難以接近這一點來說，它就像是天外的閃電一般」。

在漱石以他特有的文筆所描述的，這個對三四郎來說「最深奧的世界」裡，三四郎遇見了「迷途羔羊」，被牠奪去了心神，連大學的課也沒辦法去上。三四郎捨命地追求，結果牠卻在三四郎眼前消失蹤影，故事就在這裡結束。對三四郎來說，這隻羊從頭到尾都是個謎團。現實是充滿了謎的。

有一位女性，代表了明治青年三四郎眼中，現實的謎。只有一次，他觸摸到了她。那是在試圖越過一灘泥沼的時候，三四郎伸出手想助她一臂之力，但是她拒絕了，執意靠自己的力量跳過。沒想到跳躍的衝力過大，美禰子一個踉蹌，兩隻手落入三四郎的臂彎裡。除此之外，一直到分手之前，三四郎再沒有碰觸過美禰子的身體。

《尋羊冒險記》的主人翁，「我」所遇到的羊，和三四郎的遭遇屬於完全不同次元。在書裡，作者稱牠為「羊男」；但「羊男」是人還是羊，是屬於這個世界還是「那個世界」，我們並不清楚。雖然美禰子對三四郎來說也是個謎，但「我」在羊男身上感受到的謎，來自更為陌生的次元。現代青年被迫面對的「現實」，遠遠超過三四郎所想的那個「最深奥的」世界。

羊男

對三四郎來說，體現世界之謎的是一位女性，也就是異性；相較之下，對於現代青年「我」來說，體現世界之謎的「羊男」是同性，卻是異類的存在，這一點值得注意。雖然一般青年有時也會感覺到異性難以親近，但總是還能試著去接觸，也有產生對話的可能；至於羊男，則是想要見牠一面都很難。先前我說過，現代青年所面對的現實層位於極深之處，是以前的青年無法相比的。現代青年所遇見的「羊男」到底是什麼東西？怎麼會碰到這樣的存在？讓我們透過《尋羊冒險記》來思考這些問題。

《尋羊冒險記》從這一段話開始：「友人偶然從報紙上得知她的死訊，打電話告訴了我這個消息」。雖然說開頭就敍述一位「女性之死」，但那只是友人偶然看到的，報紙上的一則報導。只要稍微有點不湊巧，終其一生「我」都不會知道；只是這種程度的一件事。「我」第一次遇見那位女孩的時候是二十歲，她十七歲。「我」已經忘了她的名字，只記得「從前、在某個地方，有一個跟誰都可以睡覺的女孩子」，那就是她；「我」也跟她上了床。但是，她為什麼跟誰都可以睡覺？真的問起她來，也不是「跟誰都可以」，還是有某種篩選的標準。「不過啊，說不定我其實是想要了解各式各樣的人」她這樣說。

「那麼……那麼你有稍微了解了嗎？」

「稍微的話是有啦！」她如此說。

憶起當時的這段對話之後，「我」接著回想：

那時候我二十一歲，再過幾個星期就要滿二十二歲了。大學看起來暫時是畢不了業，但也沒有什麼非離開學校不可的理由。我就杵在這奇妙的、層層相扣的、絕望的狀況之中，有好幾個月的時間，沒有踏出任何新的一步。

這裡描寫青年「沒有踏出任何新的一步」的狀況，和三四郎淡淡地暗戀著美禰子，卻不敢「踏出任何一步」接近她的狀況，是完全不同的。後者還懷抱著某些希望、某種夢想，但前者則是絕望、無夢的。對三四郎來說既是夢又是謎的異性，「我」卻很早就「知道」了。但是，透過這樣的「知道」到底能夠了解多少？那女孩說她「稍微」了解了一些。稍後我們還會談到，異性的事不是那麼容易就可以了解的。然而，許多現代青年就在「稍微了解」的狀態下，經過這個重要的人生階段。

我感覺全世界都在往前移動，只有我還停留在同樣的地方。一九七〇年的秋天，進入我眼裡的一切都顯得悲哀，一切都快速地失去了顏色。陽光、草的氣味，甚至連小小的雨聲，都讓我煩躁不安。

我們已經指出，現代青年是如何地被「心」的深層俘虜，不由自主地陷入無氣力的狀態。村上春樹的這一段文字，精確地描述出這樣的情況。

很遺憾地，我們必須跳過故事的開展過程，無法繼續引述下去。總之「我」就在這樣的狀況下，遇見了羊男。也許比較正確的說法是，正因為深陷在這樣的狀況裡，「我」才會見到羊男。或者我們更應該說，因為羊男在深不可測之處開始蠢蠢欲動，所以「我」被逼入絕望與孤獨的狀況中。在這裡我們沒辦法斷言什麼是原因、什麼是結果。我們不知道為什麼，只知道「那件事」發生了。

「我」在遇見羊男之前，曾經和「羊博士」這位不可思議的人物見面，也是非常有趣的一件事。這位奇妙的羊博士，可以與《三四郎》裡被稱為「偉大的黑暗」的廣田老師相互比較。孩子要成為大人的時候，有人會來教導他們進入大人社會所需要的知識與習慣。這樣的人，我們稱他為教育者、指導者。因為他們教導的是一般的、「正確的」事物，所以並不會太困難（雖然這樣說可能會惹來非議）。另外有一種人，扮演著不同的角色，他們可以和每個不同個性的人互動，協助當事者找出他們應該前進的道路；也因為如此，這樣的人所站的位置，必須和一般的世界保持一點距離。廣田老師和羊博士都符合這樣的條件。

廣田老師也是相當特別的一個「怪人」。他若無其事、平靜地說日本「將會滅亡」，讓三四郎嚇了一跳。但是，羊博士「怪」的程度，不是廣田老師能夠比擬的。他們的差別，反映出三四郎和「我」在生存上的困難程度。儘管如此，「我」能夠遇見羊博士，是一件幸運的事。在「教育者」、「指導者」的團團包圍之下，許多現代青年被磨滅了個性；很少人可以遇到能幫自己找到真正合乎自己個性之路的人。要不然就是，即使很幸運地遇到這樣的人，青年本身卻沒有能力辨認出來，而忽視他、取笑他，總之不把他當一回事。沒有那個閒工夫和這樣的怪人來往──他們這樣想。

關於從前自己所受的苦，羊博士這樣說：「你能夠想像表達被連根拔除，只有思念存在的狀態嗎？」其實那也不能稱為「思念」，羊博士說自己的經驗是「羊存在於自己的體內」。在自己體內的不是思念，而是「羊」；因為「表達被連根拔除」而痛苦。那時候羊博士被貼上「精神錯亂」的標籤，也是理所當然的。這個世界準備了大量的「病理」名稱，隨時可以安放在這樣的人頭上。

也有人不曾遭遇這種程度的現實，就度過了青年期。榮格曾經提出一個模型，將人生分為數個階段；他認為人要到中年以後，才會接觸到這種層次的現實，而且只有少數人會碰觸到。現代青年中雖然也有人符合榮格的人生階段論，但大多數人或多或少，都曾經接觸到羊男所居住的世界吧！因此，與其說羊男是「青年期」的課題，還不如說那是從青年期開始，在某種意義下持續一生的東西。羊男改變自己的存在方式，也改變圍繞著牠的狀況，在必要的時候出現。事實上在村上春樹的（其他）作品裡，羊男也出現在主人翁進入中年以後。《尋羊冒險記》如實地描繪出現代青年的艱難處境。

02
體制的兩面性

孩子在試圖轉變為大人的時期，隨著他對成人社會看法的不同，青年期對他來說，也會具有不同的意義。在非近代社會裡，特別是在遵守古老體制的社會中，人們認為這個世界是神的作品、神的產物，在形成的時候，就已經是最高、最善的狀態，沒有改變的餘地。

對孩子們來說，他們一心只想早一點加入這樣的社會，被這樣的社會接納。

在這樣的社會裡，孩子們通過成年禮的儀式，在一夕之間被當成大人來對待，因此所謂的青年期並沒有太大意義。

對於安定所感到的不安

進入近代社會以後，人們開始認為社會也是會「進步」的，而且進步是一件好事，青年期的比重也因此急速地增加。青年被視為未來進步的預備部隊，因此被賦予雙重任務：一方面要他們融入既存的社會體制，同時又期望他們改變這個社會的體制。這兩者之間本質上是衝突的。換句話說，把重心放在改變的方面，就容易產生否定既存體制的傾向；要是過度熱心於融入既有體制，又會被批評為「沒有青年的樣子」。

即使撇開青年與社會的關係不談，人在青年期時，也會在身體上經歷到從孩童到大人的轉變。這件事我們還會在下一節細談，總之這種「變革」的動力是從內部產生的，和外界並沒有關係。正因為如此，青年們經常在內在感受到一股改變的衝動。這種衝動很容易就投射到外部世界，使他們認為外在現實在某種意義上「不改變是不對的」、「應該要改變」。

在這個意義下，青年期是一個不安定的時期。不安是理所當然的事。

有一位學生不知道為什麼，在人多的地方總覺得不安，所以很少出門，大學的課也是偶爾才去上一下。在學生運動正風起雲湧的時期，有一次他到學校去，看見一群學生聚集在一起舉行學生大會，他站在人群後方，聽到學生領袖朗讀一份文件，似乎是教授對他們訴求的回應。其中有一名學生發言表示「既然我們已經取得如此的勝利……」云云，群眾的情緒逐漸平靜下來。

這時候，他突然受到不安襲擊，不加思索就發表了偏激的意見，沒想到竟引起學生們的喝采。之後，他成為學生運動的帶頭人物之一。奇妙的是，當抗爭激烈、情勢不安定的時候，他感覺神清氣爽，行動也穩健自如，但是一旦事態朝安定的方向進展，他內心的不安就會升高，甚至害怕出現在公開場合。也就是說，外界的安定會引起他強烈的不安。這種「對於安定的不安」，可以說是青年期的特徵之一。不安定的情況反而讓他自在。

《說不上來為什麼，總覺得……像水晶一般》就是以反論的方式，處理青年期的糾葛衝突。大人用「青年期的苦惱」這種想當然爾的標籤強貼在青年身上，青年們則發出抗議，辯稱自己和這樣的苦惱一點關係也沒有。大人一提到青年，總喜歡說他們「懞懂、混亂」，青年則宣稱自己不但毫不混亂，根本就是透明的結晶體。這部作品透過描寫青年是何等地安定，來威嚇大人們；但是這樣做並不能消除青年期內心深處的不安。於是在作品接近尾聲的時候，作者不得不談到「十年後的不安」。

《說不上來為什麼，總覺得……像水晶一般》的女主角毫無痛苦地享受她的青春期，但是一想到十年後的事情，內心卻閃過一縷不安。我們也可以這樣想——所謂十年後的不安，並不表示此時她的心裡沒有不安，而是意味著她內在的不安位於極深之處，就算立刻出發尋找，也需要十年的時間，才能真正到達不安的根源。事實上，我認為這部作品在描寫「說不上來為什麼」與隨興生活的青年同時，對於存在其背後深處的不安，有一種直覺的認識，因此才能成為具有「水晶般」價值的作品；否則，它只會像廉價的玻璃珠一樣，不值一提。

體制與夢

接下來在思考體制的改變前，讓我們先來探討個人內部的事情。（我們在我們的內在）形成一種系統、一種結構（體制），讓稱為「我」的這個人，被視為一個擁有某種程度統合性與一貫性的主體，而受到認可。這樣的體制就稱為「自我」。但是，自我並不是固定不變的，它會隨時間改變。自我建構體制，這同時也意味著它在無意識中，不斷地受到反體制的傾向與內容追趕。

讓我們來看看一個例子。有一位男性非常尊敬父親，而且不論他本人或是周遭的人，都認為他理所當然會繼承父親的事業與遺產，但是這位男性有一天突然做了父親酒醉鬧事的夢。雖然與「現實」完全不符，但是這個夢帶給他很強烈的衝擊，使他陷入苦惱之中。我們可以想像，在這種時候，他的「夢」顯示他的自我具有強烈的反體制傾向。

在他的自我所看到的「現實」中，父親是個了不起的人，幾乎可以說是完美絕對的存在。尊敬父親對他的自我來說，是一件有利的事。但是，出現在他夢的層次中的父親的「現實」，卻是完全不同的樣貌。這時候就算他決定夢境中的現實是「正確的」，突然和父親敵對，也多半不會成功。因為他並沒有足以反抗父親體制的力量與強度。或者相反地，他也可以告訴自己「那不過是個夢」，繼續保持原來的生活方式與態度；但是從此他將會一直為了潛藏在安定生活底層的不安所煩惱。

他可以選擇的道路，只剩下同時接受自己尊敬父親的事實，以及「父親是個醉鬼」這個從夢裡捎來的訊息，設法在這兩者的衝突之中生存下去。但說不定沒有那麼容易找到解決的辦法。對於這樣的問題，一般性的解決方法，或是普遍的正確答案，本來就不存在。不管他斷定父親是沒有任何缺點的完人，或者認定父親是個無可救藥的傢伙，答案都會自動浮現。以單層的系統為模型來看待世界，的確可以找到「正確的」解答，但是這樣得來的答案是偏離現實的。我們若是真的要正視「現實」的問題，就必須把「夢」一起納入考量。這是「現實」的奇妙之處。

發生在個人內部的事情，以及發生在社會上的事情，似乎具有某種平行的關係。不管什麼樣的社會，都擁有某種「體制」。人們下了很多工夫，希望它盡可能具備統合性而沒有矛盾。但是，這樣的努力必定會帶來一種傾向，試圖排除與「體制」不相容的事物。我們不妨這樣說——受到排除的思想與行為會逐漸聚集、得到力量，成為民眾的「夢」而表現出來。當然，這個「夢」會以各式各樣的形態顯現。有時候它在體制看不到的地方形成「民間故事」，有時候則潛伏在藝術作品之中。

有時候「夢」的動能，會逐漸取得具體的形態。這時候如果有人能夠賦予它適切的言辭、標語，並且訴諸大眾，夢就會急遽地顯現在人們的真實生活裡，於是「運動」興起。發展到最極端，就形成革命。觀察自古以來許許多多革命與改革的樣貌，可以發現其中必定有來自「青春」的動力。青年們對於從自己內部啟動的變化與夢非常敏銳，許多人因此獻身於社會的改革。

在現實中以生命體現夢想，原本就困難而滿布危險。因此，從古至今有無數年輕人，為了實現夢想而嘗到挫折的滋味，甚至因而喪命。雖然夢本身具有它的價值，但若是要讓夢和外在現實產生真實的關聯，我們必須擁有強大的、認識外在現實的能力。不過話說回來，如果對外在現實的認識投入過多能量，又會削弱我們對夢產生反應的能力。

雖然我們很快就將夢和「革命」連結在一起，但是夢不一定總是和那麼大的改變有關。

夢的規模有大有小，有些人的夢相對順應自己所屬的社會與時代，有些則不然，因人而異。嚴格說起來，對這種事本來就不可能作出明確的判斷。最近我常感覺到「原來也有這樣的想法啊！」換句話說，以前我看到順應時代潮流、活得毫無扞格的人，腦中總是忍不住會出現「淺薄」二字，但現在我覺得，不應該驟下那麼簡單的價值判斷。

現在我會想：這個人個性化的道路，相當符合時代的潮流呢。這樣的想法，比較能說服我自己。

意識形態的終結

我們剛剛用「夢」來表示與體制相對的事物，不過如果是喜歡比較具有現實感與知識性的說法的人，大概會使用「反體制思想」或是「意識形態」之類的詞彙吧！的確在不久的從前，青年都還是以意識形態之名進行反抗。在我小的時候，住在鄉下的人們光是聽到「思想」、「意識形態」這些字眼，就好像見到毒蛇猛獸一樣。

面對大人們所建構的體制，青年以思路清晰的意識形態作為武器，攻擊其矛盾與缺陷。有時候青年們的攻擊太過尖銳，加上體制的這一方很容易在論戰中敗陣，於是往往對青年採取鎮壓的手段。這樣的事情一再發生的結果，「反抗」與「意識形態」被當成是青年的特性；與這些事情無關的青年，則被認為是「沒有青年該有的樣子」。

然而，一九六〇年左右，美國開始有人高唱「意識形態的終結」。凡事跟隨美國走向的日本，也在遲了十年之後，聽到這樣的主張。青年們飛蛾撲火般地獻身於某種意識形態，將它當作唯一武器衝向大人——這樣的情景急速地消失了。

認定青年「就是要反抗」的大學老師們，開始感歎最近的學生沒有朝氣，完全沒有青年該有的樣子。話雖如此，現在發出感歎的這些老師，事實上在不久前學生大規模「反抗」時，臉色並不好看。如今學生們不再談論意識形態之類的話題，只管認真進教室上課，甚至老師請假的時候還會抱怨。學生的樣貌改變了。

「意識形態的終結」這句話，因為美國社會學者丹尼爾．貝爾（Daniel Bell）寫了一本《意識形態的終結》，在日本出日文版（譯按：中國也出版了簡體中文版）而廣為人知。貝爾的想法約略如下：他認為在一九六〇年左右的美國，馬克思主義、自由主義、無政府主義之類的意識形態，已經不再具有影響人類生活的力量。原因是，在歐美的先進資本主義國家中，以社會改革為志向的人，他們的思考與精力，已經逐漸為國家機構與政府的政策所吸收。在這些地區，意識形態主張的某些面向，逐漸在現實中實現，因此意識形態的觀念對立趨於緩和，不再像過往般激烈；人們對於高舉意識形態的大旗、追求特定意識形態的非現實理想，已經衰退熱情。比起投身於意識形態，人們更關心自己是否擁有具體解決問題所需的知識與技術。所以他們學習、磨鍊自己實證研究的能力，希望可以藉此找到新的方向與方法。

以青年們來說，他們不再研讀意識形態、不再夢想著意識形態理想的實現，而是把精力投注在實際的研究與學習上面，這就是貝爾所主張的意識形態的終結。和一九六〇年代比起來，現在冷戰結構已經完全解體，從前被視為理想國的共產主義諸國，也一併瓦解，可以說意識形態的終結已更加現實化了。

這麼說，青年已經失去「夢」了嗎？現在的青年們，全部都像貝爾所講的，為了得到解決現實問題所需的知識與技術，安安靜靜地努力學習嗎？就我這個和現在青年有實際接觸的人來看，貝爾的想法太過單純。首先他忽略了一點：認為「得到解決現實問題所需的知識與技術」即已足夠這種想法，本身也是一種意識形態。或許貝爾覺得，科學性的知識因為是「正確的」，所以和意識形態無關；但是作這樣的斷言，就是一種意識形態。

有一些現代青年，把反體制的夢寄託在超自然事物與現象（occult）上。的確，近代科學與技術的發展成就驚人。但一旦人們認為透過科學我們可以了解所有的事物，沒有任何不能以科學解釋的現象，那就已經超出科學的原意，而變成「科學主義」了。當科學主義的力量太過強大，人就會被嵌入強力的體制之中不能動彈。因此對這種事特別敏感的青年們，只要聽到這世界上存在著自然科學無法說明的現象，就會感到高興。於是在這樣的背景之下，產生了喜歡超自然現象的青年。對他們來說，超自然（paranormal）的存在，意味著這個世界的事物沒有辦法以理性、邏輯的方式體制化。

過去青年們曾經攻擊大人不夠理性，他們主張大多數的傳統儀式與行為只不過是「迷信」，沒有任何效果，強力要求近代化的改革。然而今天的青年們卻以超自然現象作為武器，攻擊大人對理性主義一面倒的態度。不過遺憾的是，青年們的力量不再像從前那麼強而有力，因為他們對於超自然的理論基礎過於薄弱，因此經常在不知不覺中轉變為巫術信仰，純粹成為一種時代的倒退。實際接觸沉迷於超自然現象的青年就會知道，貧弱的思考力與判斷力是他們的普遍特徵。

因此，青年想藉由超自然現象進行反抗，是不太可能成功的。那麼，大部分青年真的就像貝爾所講的，放棄反體制的行動，乖順地努力學習知識與技術嗎？還是說，他們應該要這麼做？確實，現在意識形態已經不太能發揮什麼作用，但那是因為人們在思考意識形態時，往往沒有把自己的存在考慮進去，而是把意識形態當作獨立於自己之外的東西。大部分的意識形態都在思考如何驅動人類改變，但是它們對於「人」的認識卻非常平面。只要回過頭來深入思考自己的種種樣貌，就一定可以明白事情無法如此單純地理論化。社會主義的理想雖然不錯，但「人」是不會按照理想的方式行動的。當然，一定有人會反對我這種說法；他們主張人應該依照理想所期待的方式生活，但是這種人通常只會要求別人，自己卻狡猾地占據有利位置。這是我們經由社會主義國家「實驗」的失敗，所認識到的事實。

於是，我們不得不把無法依循理想生活並充滿矛盾的自己納入考量，以創造、形成我們的人生觀與價值觀。這可不簡單。只憑著知識與技術的學習，不可能做到。面對現有體制時，青年們並不想重蹈前人覆轍；他們不願意再隨意地撲向某種意識形態，把它當作反抗的工具，然而他們也無法滿足於現有的體制。結果現代青年就被夾在互相衝突矛盾的兩種情感之中：一方面覺得，既然自己也會被納入體制，就必須付出必要的努力；另一方面又覺得，自己必須努力設法改變現有的體制。而且我認為，即使是傾向於改變現有體制的青年，也會因為想要更徹底地認識自己，覺得有必要構築一個包含自己在內的世界觀，所以並不會馬上以外在的、可見的形態進行「反抗」。不過我覺得，在現代青年的內心深處，夢的確是活著的。只不過這個夢，不像過去青年的夢那樣天真而已。

03 身體性

人擁有身體。但反過來說，一個人若是沒有身體，我們就感覺不到他的「存在」，所以或許我們應該說，是身體擁有人。所謂的身體，實在是不可思議的東西。舉例來說，有些人不得不接受截肢手術，這種時候，「我的手」在切除的瞬間變成只是某種「物體」，是可以被丟棄的。還有當我胃痛的時候，雖然那明明是「我的胃」，但「我」卻不必對這件事情負責。話雖如此，如果有人想要傷害我的身體，我一定會想辦法阻止，但這種時候，我心裡想的是「我在保護自己」，而不是「我」在保護「身體」。簡單來說，「我」會根據不同的場合，有時候把身體當作「我」的一部分來看待，有時候又會把它看作是在「我」之外的東西。

「我」和「我的身體」的關係，非常微妙而奇特。特別是在青年期的時候，這份關係的樣式與狀態，變得非常重要；因為身體在青年期的時候，會產生快速、激烈的變化。但是我在這裡要做的，並不是以客觀方式調查身體的變化，而是嘗試思考人以主觀方式所感覺到的身體——也就是對當事者來說的「我的身體」——這就是我所謂的「身體性」。

身體的發現

「發現自己的身體」這種說法，或許聽起來有點誇張，但是用這句話來描述青年人體驗到自己身體急速變化時的內心感覺，非常貼切。身體可以完全被對象化——如同近代醫學的做法——成為我們研究、操作的對象。但另一方面，還有另一種身體，就是人主觀上所認知到的，自己的「活著的身體」。這樣的身體和「心」有密切的關聯，悲傷、痛苦的時候，我們的身體沒辦法活潑地行動；身體狀況不好的時候，心也跟著沉重。

有一個說法叫作「青年期的笨拙」（adolescent awkwardness）。有些人在進入青年期以後，身體的動作變得不協調，即使在沒有任何障礙的地方也容易絆倒或是腳步踉蹌。這些事經常發生在特別需要謹慎小心的場合，導致他們犯下難堪的錯誤，在心裡留下長久的記憶，引發自卑感；例如把茶水潑在重要的客人身上，或是重要儀式中，在眾人面前滑倒等等。這是因為他們身體急速成長，控制身體的能力失去了平衡的緣故。也有人感覺到自己的笨拙，因而對周遭世界變得消極退縮。在兒童時期明明很活潑的人，突然變得內向消沉，令大人擔憂不已。

相反地，也有人隨著身體的快速成長，運動能力突然進步。兒童時期連當事人都不覺得自己有那麼好的運動能力，卻從青春期到青年期像脫胎換骨似地突飛猛進，甚至成為運動選手。

控制身體的成長與能力，對當事者來說是一件開心的事，因此很多人在青年期盡興地享受運用身體的遊戲。青年有各式各樣的體育活動可以選擇，然而，所有的體育活動都一樣，認真的程度是一個問題。就以網球來說，單純只是為了好玩而打球，和成為選手是不一樣的；如果進入職業選手的世界，程度更是大為不同。雖然以運動為職業的人並不多，但就算是業餘活動，一旦有了勝負問題，態度變得認真嚴肅，就很難說它只是一種「遊戲」了。關於這一點，之後我們在談論有關「遊戲」的問題時，還會觸及。

厭食症是一種青年期容易發生的嚴重問題，案例特別以女性居多。患者不管對什麼食物都沒有食慾，要不然就是想要進食，卻受到一股自己也無法了解的力量所抑制。旁人看來，她們骨瘦如柴，但患者本人卻覺得自己樣貌姣好；一旦開始進食，回到一般人的體型，她們反而自覺奇醜無比。這樣的女性，在夢中的自我形象，應該是像精靈般輕盈，甚至能夠在空中飛翔吧。

但實際上如果患者持續拒食，月經將會停止，甚至有生命危險。遇到這種情況，也只能將患者送醫，透過鼻胃管補充營養。但往往一不留神，患者就會自己拔掉鼻胃管；可見促使她們拒絕進食的力量，有多麼強大。

像這樣的厭食症狀背後，是對自己身體性的強烈拒絕——不管是有意識或無意識的——患者不願意認同自己身體的存在。對身體性的否定，將逐漸引導她們走向對自身存在的否定。這種對身體性的抗拒，或許會使她們看起來奄奄一息，但其實有很多厭食症患者遠比一般人更加勤奮刻苦。有一位患有厭食症的體育選手，以她異常消瘦的身體，在眾人訝異中創下驚人紀錄。不但她的模樣令人心痛，另一方面，想到這種鞭策她努力到極限邊緣的意志，以及徹底抗拒、否定自己身體存在的意志，竟能共存於一位少女體內，很難不感覺到極為強烈的衝擊。

但是，說不定「人」本來就是如此。「生」與「死」幾乎是以同樣的強度互相拉扯、對抗。僅僅因為它們之間的天平，稍微偏向「生」的那一邊，所以我們在一般狀態下，只會意識到「生」的力量。但是像青年期這種不安定的時期，「生」與「死」之間的角力會突然浮出檯面，顯現在我們眼前。

有了這樣的想法以後就可以理解，為什麼青年期那些運用身體的遊戲與運動，有時會讓我們感覺到生命危險？為什麼青年會出於自願，刻意去做讓人感覺到生命危險的事？那是因為站在生死交接的邊緣上，他們才能夠感受、確認自己的存在。

對於「性」的接受

談到青年期的身體性，不管怎麼說，「性」都是一個重要的問題。暫且放下佛洛伊德有關幼兒性慾的理論不談，一個人若是要以成人身分，透過性行為得到子嗣，就必須以成人身分接受自己的性衝動。但是在一開始的時候，當事者並沒有辦法明確地辨認出那就是所謂的性衝動；對他來說，那只是某種讓他預感到危險的東西，一股不祥的力量，有如遠方傳來的地鳴。而且他真切地感覺到，自己正被推向一個未知的、不可解的世界。

有許多女性透過「身分不明者侵入」的夢，感受到這樣的體驗。在夢裡她感覺到應該已經上鎖的門被打開，「某人」進到房間裡來。房間的空氣突然變得凝滯沉重、令人窒息，她雖然害怕卻無法動彈也發不出聲音。就在這個時候，這個「某人」爬上來壓在她的身上，讓她因為恐懼而大叫醒來。女性夢見這種「侵入」的夢，大部分是在青春期以及青年期早期，雖然有的時候侵入者也會明確地以男性樣貌出現，但是在夢裡實際發生性關係的情形很少。總之房間遭到侵入、身體不能動彈，是這種夢的主題。

我們甚至可以說，在夢中房間遭到侵入的體驗，對於女性的成熟來說是必要的。她們一方面內在經歷這樣的體驗，另一方面又被外在的求學、工作、交友等活動占據了心思，在兩者之間取得平衡生活下去。可是一旦失去了這樣的平衡，當事者就會陷入極端退縮、閉鎖、什麼都不想做的狀態。原本這種「退縮閉鎖」以某種程度來說，是任何人都需要的。童話《睡美人》的長眠，以及白雪公主在「玻璃棺裡的假死狀態」，都是以象徵方式，描述這種對少女來說不可缺的「退縮閉鎖」時期，不過在這裡我們暫且不談這種象徵。

雖說退縮閉鎖是必要的，但在極端狀況下，它會演變成精神官能症，有時甚至會發展成精神疾病。通常女性比男性早出現青年期的精神官能症，大多數會呈現無氣力、不想動的狀態。當然男性也會有此情況，不過比女性少。只是，他們常會變得不想跟大人講話。一方面發生在他們內部的事情，對他們來說不可理解、無法化為語言；一方面不知道為什麼，他們總覺得所有大人都態度「可疑」、無法信任。同時因為男性大多可藉由同伴之間標新立異的舉動，或是對運動的狂熱等行為，消除心中煩悶的感覺，所以和女性比起來，通常他們精神官能症的症狀發生得比較晚。

相對於女性是在進入「如何接受性」的時期後浮現問題，男性則是在「如何控制性」的時期容易發生問題。因此兩者煩惱的時期，有時間上的落差。

剛剛我們先談了「退縮閉鎖」的情況，但有一些青年則正好相反，完全被性衝動的力量控制。他們從十幾歲就開始有性行為，而且是和不特定的多數對象發生關係。大人發明「不純潔的異性交往」之類的說法，想要說服、阻止他們，但是那種衝動是無法抵擋的。其中也不乏盛氣凌人的青年。曾經發生過這樣的例子：有一位高中女生，對一再反覆說教的老師回說：「我們是彼此喜歡，所以才發生關係。像老師們這樣，明明不喜歡，只是為了盡夫婦的義務而做愛，這樣才叫不純潔吧！我們才是真正純潔的。」聽了這番話，老師也不由得點頭稱是。

我看了一部叫作《街頭》（*Streetwise*）的電影[1]，記錄美國西雅圖市區一群無家可歸青少年的生活。這部片子生動且深刻地描繪出這些孩子的處境，是一部非常傑出的作品。這些十幾歲的青少年面對的可不只是「性」的問題而已，他們有的賣春、有的吸毒，在犯罪邊緣頑強地活著。當這些孩子被問到長大後想要過什麼樣的生活時，他們異口同聲地回答「溫暖的家庭」，令我非常驚訝。雖然他們在現實中過著和一般人完全不同的日常生活，但是內心裡描繪的「夢」，卻不是什麼「走在時代尖端」的東西，也不能為我們提供什麼「嶄新的家庭形象」。他們的「夢」，只不過是要一個有爸爸、媽媽、小孩，大家和睦地生活在一起的「老式幸福家庭」。

1 譯註：《街頭》（*Streetwise*）是一九八四年出品的一部紀錄片，由 Martin Bell 導演，根據作家 Cheryl McCall 與攝影家 Mary Ellen Mark（Martin Bell 之妻）於一九八三年七月發表在《生活》雜誌的一篇報導所發展而成。獲一九八五年第五十七屆奧斯卡金像獎最佳紀錄片提名。

從這件事可以導出各式各樣的結論，不過如果僅就「性」方面來思考，我們可以看到，「享受性的自由」有多麼的困難。以舊有的性倫理來看，這些孩子過著相當自由的性生活，但是他們渴望的卻是受到舊有倫理束縛的生活。這件事告訴我們，性對於人類來說，是一個無比艱難的課題。

榮格曾經說過：「從地獄到天國，都有性的存在。」這真是至理名言。人可以透過性認識到自己是何等低劣的存在，也可以經由性品嚐到至高無上的狀態。它既是身體的事情，同時也屬於精神層次。它是如此廣、如此深，想用語言說明清楚，恐怕是不可能的吧！

在這個意義下，性和人的存在（existence）有很深的關聯。因此，儘管它像謎一樣讓青年痛苦、煩惱，但是對於一個人的成熟來說，反而是一件好事。然而，人總是傾向於認為自己無所不知、能夠掌控一切，不喜歡被「謎」捉弄的感覺，所以想把「性」也視為「已知的」、「沒什麼大不了的」事情來處理。於是有一些仁慈的大人，希望能夠透過「性教育」來教導青年們有關性的「事實」，以減輕青年們的苦惱。

人類的存在充滿許許多多的矛盾。思及這些矛盾，我們或許可以同意上述想法有它的道理。但同時我們也必須知道，想透過「性教育」讓我們對性「完全了解」是不可能的。既然性與人的存在有很深的關聯，圍繞著性的夢、遊戲、儀式等等，也就具有重大的意義。我們不應該過度強調「事實」的重要性，讓「事實」凌駕在夢與遊戲，甚至儀式之上。

04 青春的倫理

沒有任何一個時期，像青春那麼需要倫理。特別若是要談論青春的夢與遊戲，是不可能不談倫理的。那些歌頌青春期墮落的人，背後其實有這樣的想法支持：只有無止境地下墜到墮落的極限，才得以接觸真實的深處。若不是有這麼強的倫理觀支持，人是不可能承受徹底墮落的。稍微墮落一下或許很有趣，但如果要持續墮落下去，就需要強大的倫理觀，才能夠對抗自然而然浮現的懷疑、罪惡感以及厭煩與倦怠。

話雖如此，我們也不得不承認，一般而言倫理具有消滅夢與遊戲的力量。事實上那些在夢與遊戲背後沒有倫理支撐的人，和固執於倫理、不作夢、不遊戲的人，一樣無趣且令人不想往來。因此我認為討論倫理是必要的，不過我也同時強烈感到將它化為語言的困難。不論如何，讓我們嘗試看看。

健康的年輕人

青年之中，除了前述遇到問題的，也有受到大人喜愛與期待的「健康的」人。甚至有一些大人，努力想要「培育」健康的青年。這樣的青年和「夢與遊戲」並非無緣，因為人們認為，抱有積極的「夢」是健康的要素之一，所以我們也看得到一些「健康的遊戲」。其特點簡單來說，就是破壞性的因素很少。

最近我去了一趟美國的普林斯頓大學。和當地學生的接觸，讓我認識到健康年輕人的優點。普林斯頓大學的學生可以說是「認真學習、認真遊玩」的典型，和日本的學生比起來，他們的學習量要大得多，偷懶是絕對畢不了業的。走遍全世界，恐怕很少有大學生的學習量，像日本學生那麼少的吧。話雖如此，普林斯頓的學生並不是只知道讀書，他們各式各樣的社團活動非常活躍，也和其他地方的青年男女一樣勤於約會。但總之他們就是非常、非常健康。

我參加的活動是在普林斯頓大學舉辦的日本電影展。活動企畫包括放映後的座談，希望在文化比較方面，可以激盪出一些有趣的觀點。座談結果非常多樣化，但這裡只介紹我在倫理觀方面的感想。那是在看完新藤兼人導演的《鬼婆》之後的事。電影裡有一些對於男女性愛的描寫。如果是日本人，並不會覺得特別露骨，但是對美國學生來說，卻似乎非常強烈。

讓我們省略細節。總之，美國學生們的反應是——像這種含有性方面描寫的電影，一般人也會觀賞嗎？讓一般人看這種電影沒關係嗎？或許讀者之中有很多人認為美國在性方面比我們「自由」，所以我必須稍作解釋。美國有嚴格的電影分級制度，由「分類與評級管理委員會」執行。適合普通觀眾觀賞的是G級，在性方面有露骨表現的則被列為X級（譯按：一九九〇年之後改稱NC-17），人們就根據這樣的分級，選擇適合自己的電影觀賞。如果是全家出遊，就一定是看G級的電影。

我問普林斯頓的學生們：「你們也會看X級的電影吧？」他們表示不看那樣的東西。我又繼續追問：「如果去到遠方的城市，沒有任何人認識你，那時候就會看吧？」他們回答：「不看。因為無法忍受『自己看過那種電影』的事實。」這件事清楚地顯示出美國青年的倫理觀。別人怎麼想無所謂，重要的是自己怎麼評價自己。

我也和其他大多數日本人一樣，一聽到「美國」兩個字，腦子裡就不由自主地浮現「自由」──說得更遠一點，「墮落」──青年的形象。但是接觸到這些健康青年之後，我改觀了。原來支撐美國社會的，是長大成人後的、這樣的年輕人！我並不是想說這樣的倫理觀絕對正確，或是絕對良善，但是我們必須認識「這種健康的倫理觀支撐著美國社會」這個事實；同時也應該思考，支撐我們社會的，又是什麼樣的倫理觀？

「和你談話之後我才意識到──之前自己並不清楚──自己是如何地遵循著基督教的倫理觀而生活著。」有一些學生這樣對我說。日本的現狀又是如何呢？日本舊有的倫理觀在接觸到西洋文化之後，有了相當大的改變；特別是有關性方面的倫理。然而今天有多少日本人，能夠堅定地持有普林斯頓學生們那樣的倫理觀？要批評他們食古不化很容易；但是如果有人問道：

「那麼你的倫理觀是什麼？」我們回答得出來嗎？

倫理觀的差異

為什麼我要執著倫理觀到這種地步呢？那是因為，我認識太多的人因為沒有明確的倫理觀，不但帶給自己也帶給別人不幸，墮入難以挽回的境地。當我問他們：「為什麼要做這種蠢事？」他們的回答是：「那種時候就自然會變成那樣吧！」或者「我以為大家都是這樣做。」要不然就是：「我看週刊雜誌，以為那是最近的趨勢。」八卦週刊成了他們的倫理教科書，而且他們覺得自己若是不照著做，就會被時代的潮流拋棄。結果受害的是他們自己。

見到這樣的人，我雖然還不至於叫他們去學普林斯頓的學生，但的確很想請他們參考一下美國普林斯頓大學的「最近趨勢」，找出自己的倫理觀。至少希望他們了解，這世界上有各式各樣的思考方式，不用勉強去跟隨八卦週刊。

談到有關性的倫理，我想起《三四郎》開頭的部分，有這樣一段情節。三四郎從熊本出發，搭乘長途火車要到東京去。途中偶然坐在同一節車廂的女性，要在名古屋下車投宿，對三四郎表示自己一個人會覺得不安，所以雖然知道會給三四郎添麻煩，還是希望他陪她去客棧。三四郎不得已，只好和那個女孩子一起到客棧去。「到了門口，正打算表示兩個人不是一起的時候，店裡的人卻立刻連珠砲似地大聲招呼：『歡迎光臨！——請進請進——為您帶路——梅花四號房——』沒辦法，他們兩人只好默默地被帶到梅花四號房裡」。

女服務生來為他們鋪床。三四郎對她說：「一定要鋪兩張床墊。」那服務生卻胡亂搪塞了幾句，「只在蚊帳裡鋪了一張大被褥，就走出去了」。那女孩若無其事的，先鑽到蚊帳裡去。「不好意思，我有潔癖，不喜歡睡在別人的被褥上……現在我要來驅除跳蚤，請包涵一下」三四郎一面說些莫名其妙的話，一面拉起自己這邊的床單，捲向女孩的方向，到兩人中間就停下來，再把兩條毛巾相接著鋪在褥墊上，自己就睡在毛巾上頭。「那天晚上三四郎的手也好、腳也好，連一寸都沒有伸到這窄窄的毛巾外面」。

兩個人要分手的時候，三四郎說了聲「再見」，「女孩一眨也不眨地盯著他的臉，過了一會兒用從容不迫的語調說：『您還真是個膽小的人哪。』接著抿嘴一笑。三四郎的心情就好像被彈到月台上一樣」。在前往東京的火車上，剩下自己一個人的三四郎這樣想著：

「那女孩到底是怎麼一回事？世界上會有這樣的女人嗎？女孩子都是這樣鎮靜大方的嗎？是因為沒有受教育？或者她就是大膽？」再怎麼想也想不出個所以然來。當時要是大著膽子再靠近她一點就好了……這樣想的時候，又覺得很害怕。「分手的時候聽到她說自己是個膽小的人，嚇了一跳，感覺好像二十三年來的弱點一次全被暴露了出來。就算是自己的父母，也沒辦法這樣一語道破他的要害。……」

有了這樣的經驗之後，三四郎在東京認識了「迷途羔羊」。相對地——

就像我們已經介紹過的——《尋羊冒險記》的主人翁則遇見「羊男」，一個完全不同的「羊」；他的情況又是如何？這本書一開頭就寫著「友人偶然從報紙上得知她的死訊，打電話告訴了我這個消息」。在車禍中死去的那女孩，曾經和主人翁發生關係。要是遇到以前的同伴，聊起那個女孩的事情，大概會像這樣吧：

怎麼會就只有名字忘得一乾二淨呢？雖然我和她睡過好幾次，不知道她現在過得如何？要是在路上偶然遇見了，也是怪事一樁吧！——從前，在某個地方，有一個跟誰都可以睡覺的女孩子。那就是她的名字。

這個主人翁與女性的關係，和三四郎正好對比。雖然他們年紀差不多，對於性的倫理觀卻不一樣。這個差異，使他們後來遇到不一樣的對象。三四郎遇見美禰子，另一邊則是「羊男」。當然，兩邊的遭遇對當事者來說，都是重大的事件；很可能因為遇見這個人，而完全破壞了自己的人生。但是以程度來說，「羊男」這邊要嚴重許多。遇見「羊男」，是可能直接將人引向瘋狂的。

現在的青年說不定會嘲笑三四郎膽小的樣子，但是我必須指出，那在當時其實是一種嶄新的態度。當然三四郎的性格也多少有些關係吧！只是在更早以前的日本對這種事的態度，可以用一句諺語來表達：「已經上桌的菜不吃，是男人的恥辱」（据膳食わぬは男の恥）。然而後來三四郎左思右想，得到的結論卻是：對於受過教育的自己來說，除了那樣做沒有別的辦法。換句話說，因為他接受了明治維新以後的「新的教育」，無法再接受古時候的倫理觀。

當時的這個新想法，是從西洋傳來的東西——「只有相愛的人，而且只有決心永遠相愛的人，才可以發生性關係」。不曉得漱石知不知道這個故事：《格林童話》裡的〈兩兄弟〉一篇中，有一對相貌酷似的（孿生）兄弟。有一次，哥哥被錯認為弟弟，因緣際會下不得不與弟媳同床而眠，於是哥哥在兩人的中間放置一把雙刃的劍，才放心地睡去（關於這一點，更多的細節請參閱拙著『昔話の深層』（童話心理學）、福音館書店、一九七七年）。雙刃的劍置於男女之間，象徵了格林兄弟所信奉的浪漫主義。三四郎遵循著來自西洋的新倫理觀，用捲起來的床單代替了那把雙刃劍。

遵循某種倫理而行動，有時候會被譏為膽小；而喪失、破壞倫理的行為，有時候會被讚為「勇敢」。這兩者是互為表裡的。

啟發式倫理（heuristic ethics）

現在青年的倫理觀，可以說是極度的多樣化。也有相當多的青年，還抱持著三四郎之前的，古時候的日本倫理觀；不過，他們本人很可能以為自己的想法非常新穎。有各式各樣的選項、無法簡單斷定哪一種好，這就是現代的特徵吧！但是，就像「迷途羔羊」與「羊男」的差異所顯示的，倫理觀的不同，將會對一個人後續的人生造成很大的影響，因此我們應該盡全力釐清，自己賴以為生的倫理觀究竟是什麼？每一種倫理觀，都會帶來不一樣的、現實上的結果，所以我們也必須培養足夠的心理準備與力量，以對抗這鋪天蓋地而來的現實力量。否則，我們將一直生活在懊悔之中。

從過去沿襲而來的，習慣性的倫理，我們姑且稱之為「道德」（這些名稱的用法因人而異）。人遵守道德而行動的時候，是安全的。大致上會發生的事都是已知的，得到的也都是可預期的結果。但是，個人內部湧現的力量，有時候和既有的道德是相衝突的。這種時候，當事者必須為了決定自己的生命態度而作出選擇。如果選擇服從既有道德，當然就沒有問題——不過這僅限於外部；要如何讓自己混亂的心平靜下來，仍然是有待解決的課題。另一方面，如果決定採取違抗道德的行動，就需要相當的慎重，以及面對各種後果的心理準備。

當一個人為了明確的新倫理觀而破壞舊有的道德，是比較容易理解的。但如果新的倫理尚未確立，只是因為忠於自己內心的聲音而破壞舊有道德，那麼就必須對自己的行為不斷進行倫理性的思考與檢視，在兩者交互影響的循環中，逐漸發現屬於自己的新倫理觀。

如果普林斯頓的學生只是遵守「健康的」道德而生活，似乎讓人感覺有所欠缺。因此，我又對那位不看有男女性愛場面電影的學生，繼續提出問題：「村上春樹的小說翻譯成英文在美國出版，有許多年輕的讀者，你有什麼想法？」他表示自己也正在讀村上的作品，覺得是很好的小說。「村上春樹的小說裡經常出現對於性的描寫，你怎麼看待這件事？」他回答，像電影那樣，以影像直接呈現性的場面，讓他覺得不舒服；但是在文學作品中，性的描寫是作者整體構想的一部分，他就可以接受。

當然電影《鬼婆》中的性場面也是導演構想的一部分，但這位美國學生似乎不能領會。關於這一點我們暫且不談，總之美國學生認為村上的作品——不是為了性而描寫性，其中含有作者的意圖與觀念——是可以接受的。

我就懷抱著這樣的想法，閱讀村上春樹的作品。《舞・舞・舞》被視為《尋羊冒險記》的續作，「羊男」仍然是重要的角色。其中有這樣的一段情節：主人翁「我」這時候已經三十四歲了，和一位無意間認識的奇特少女

「雪」，成為親近的忘年之交。雪的母親是個無可救藥的「自由人」，不太關心自己的女兒，成天和男友迪克諾斯到處遊蕩。雪對迪克諾斯沒有好感，經常對他惡言相向。然而有一天，迪克諾斯突然死於交通事故，雪回想起他的事情，才覺得他其實是個好人，自己對他的態度卻很過份，內心感到非常後悔。對於這一點，「我」表示這樣的想法很沒意義。「如果要後悔的話，你從一開始就應該好好地、公平地對待他。」「我」毫不客氣地對她說。

「或許我的說法太過嚴厲了。別人怎麼樣我管不著，但是我不希望妳有這種沒意義的想法。欸，聽好喔，有些事是不能說出口的。一旦說出口就完了，留不住了。（中略）我不希望妳對別人說『我做了殘忍的事』。這是禮儀的問題，是分寸的問題。這件事妳必須學起來。」

少女安靜地聽著他的話。「我想她大概在身體裡哭泣。不出聲音，也沒有眼淚地哭著。我心想，也許對一個十三歲的少女，我要求得太多了。而且，我是有資格說這種大道理的人嗎？但這是沒辦法的事。不管對方幾歲，不管自己是什麼樣的人，對於某些事我就是無法通融。沒意義的事就是沒意義，不能忍耐的事情就是不能忍耐」。

「我」在這裡談論「禮儀」與「分寸」，直接表明「我」的（恐怕也是作者的）倫理觀，在這部作品中是很罕見的一個場面。那些信奉舊有道德，認為這位主人翁的男女關係不合倫理的人，看不到支撐著「我」，也就是支撐著這部作品的倫理觀。說不定正因為如此，所以即使是「我」，也忍不住想要直接表明自己的倫理。

這個人的倫理觀是什麼？就是明確地對自己，也對他人表明立場：沒意義的事情就是沒意義，不能忍耐的事情就是不能忍耐。

第三章

青春的夢

青春與夢的關係，剪也剪不斷。人們常說「青春是愛作夢的年紀」。他們所說的並不是夜晚作的夢，而是指青年們內心所懷抱的理想與願望。這樣說的背後隱含著一個想法：那些理想與願望只不過是「夢」，是很難和「現實」連結的。就像我們經過一夜的睡眠後睜開眼睛，開始一天的工作；所謂「長大成人」就是從青年期的「夢」醒過來，迎向現實——這樣想的人，大有人在。

但是，這樣的想法未免太實際了。正因為有夢想，人生才能多彩多姿。只是要如何在生命中體現夢想，是一個大問題；那裡面隱藏著一定程度的危險。自古以來許多青年因為認真對待自己的「夢」，而成就了偉大的事業；相反地也有許多人因此失去生命，或是帶給人們災難。雖然夢有規模的大小、種　的差異，看待夢的方法也各不相同，但是長久以來我們一直認為，青年懷有夢想，是一件理所當然的事情。

然而現在青年所過的生活，似乎不再那麼「多夢」了。這是有原因的。首先，從前人們共通的「夢」，有許多已經實現。自古以來，夜裡夢見自己在空中飛翔的人很多，但夢見登陸月球的應該極為罕見；即使如此，這樣的夢也已經成真。另外一個原因恐怕是，儘管我們在內心描繪夢想，遇到現實的高牆時，大多以挫折收場；這樣的事實，現在的青年已太過了解了。

話雖如此，青年的「夢」並沒有消失。現在青年的「夢」和過去有什麼不同？以什麼方式存在？接下來讓我們來探討看看。

01 浪漫主義

浪漫主義是一種尊重夢想的思想與態度。從前大多數年輕人，都受到浪漫主義的吸引。「羅曼史」為小說、電影增添許多色彩，很多年輕人因而把「夢」寄託在戀愛之中。有鑑於此，讓我們首先來看一部浪漫主義的小說，之後再將它和一部當代作品加以比較。如果要強調兩者的差異，的確有很大的不同，但是在意想不到的地方，卻能夠發現它們的相似之處。

浪漫主義的作品，我選擇了E．T．A．霍夫曼的《黃金之壺》（*Der goldne Topf*），當代作品則選擇了吉本芭娜娜的《甘露》。前者是我自己青年時代大受感動的作品，後者則擁有許多當代的青年讀者，很適合用來討論青年的夢。

霍夫曼（E. T. A. Hoffmann, 1776-1822）是德國浪漫派的鬼才，寫了不少名著，在當時很受年輕人歡迎。但現在就算有人看到芭蕾舞劇《胡桃鉗》、《柯碧莉亞》還會想起原著者霍夫曼的名字，他的小說卻很少人讀了。因此，讓我們在討論《黃金之壺》的同時，也介紹這部小說的故事大綱。

笨手笨腳的大學生

這部小說的主人翁安瑟姆斯（Anselmus）是大學生，他出場時讓我們看到先前所述的「青年期的笨拙」（adolescent awkwardness）典型姿態。他跑過街頭時「直直地衝進一個醜老太婆的攤子，把裝著蘋果、零嘴的籃子全都撞翻了」。在老太婆的嘲笑與咒罵之中，他把本來就沒多少錢的皮夾給了她，趕緊逃離現場。這一天是耶穌升天節，原本打算喝點小酒，欣賞路上盛裝打扮的女孩子們……結果他現在一毛錢也沒有。他「在夢裡想望的那些樂趣」，全部都落空了。

安瑟姆斯自言自語，感歎自己的不幸。穿著剛做好的外套出門，卻被釘子勾破，拜訪樞密顧問官時，不但帽子掉地上還滑了一跤，跌個四腳朝天。「哎！我夢中的未來幸福啊！你們到哪兒去了？虧我還得意洋洋地說大話，說自己大概會留在這裡成為樞密祕書官！」原本期待樞密顧問官可以成為自己有力的靠山，但是去見他的時候，卻盡幹一些蠢事，惹得他生氣。

雖然安瑟姆斯難得的美「夢」好像破碎了，但值得注意的是，剛開始的時候他的夢想是一些很實際的事物。小的夢就像「喝點小酒，欣賞路上盛裝打扮的女孩子們」之類，大的夢也不過就是「成為樞密祕書官」。然而因為他笨手笨腳，這些夢都已成空。

這世上有一些青年是很**靈巧**的。首先是那些不怎麼「作夢」的青年，他們不會讓「夢」這種輪廓模糊的東西占據心思，只專心處理眼前的現實，因此經手的事物都能順暢進行。還有一種青年雖然也有夢想，但是他們會很精明地選擇對他們來說容易實現的，並且細心安排好各種讓夢想容易實現的條件。這樣的青年會很「靈巧」地長大成人吧！

安瑟姆斯為什麼這麼笨拙呢？他並非沒有能力。他成績優秀，人們都看好他將來極可能成為樞密祕書官，甚至是宮中顧問官。安瑟姆斯的大學副校長包曼先生看中這一點，想要把女兒薇若妮卡許配給他；而有著一對藍色眸子的薇若妮卡，也對他有好感。明明具備了實現「夢想」的能力，他的笨拙卻擊潰了這一切，讓他痛苦不堪；那是因為他在不知不覺中，已經成為更深層的「夢」的俘虜。笨拙是通往深層夢境的道路。

我們都說「青年應該懷抱夢想」，但真實的情況或許應該說是「夢想抓住了青年」吧。就在安瑟姆斯夢想著要成為「宮中顧問官」的時候，更大的夢卻逐漸將他擄獲。他的笨拙就來自這兩者之間的間隙。有時候青年在夢想破碎、四處碰壁，為自己的笨拙感到憤怒、無奈的時候，會開始思考，甚至發現那個試圖捕捉自己的「夢」是什麼，從而開拓出嶄新的道路。話說回來，這過程會伴隨著相當的痛苦。

正當安瑟姆斯絕望地自言自語的時候，他聽到了一個奇妙的「聲音」。他發現那是「三條泛著微綠金黃色，閃閃發光的蛇」在輕聲細語，他嚇了一跳。其中一條蛇看著他，「充滿魅力的、深藍色的雙眼，帶著無以名狀的愛慕直勾勾地注視著他，讓他體內滿溢著無上的喜悅與深深的痛苦，混合成他從未體驗過的情感，使他的胸膛幾乎要炸開來」。

路上的行人看見被綠蛇奪走心神、呆若木雞的安瑟姆斯，不禁搖頭說：「那個人大概腦袋有問題！」被深層的夢擄獲的人，必須對抗被貼上「精神病」標籤的危險。事實上，後來真的有許多人認為他「是不是失常了」、「精神病發作了」、「發瘋了」等等。後來安瑟姆斯終於成功地戰勝世人的眼光，得以獲得幸福。

「非日常」的顯現

欣賞安瑟姆斯能力的包曼副校長與書記赫爾布蘭特先生，同情他貧窮，介紹他條件很好的打工機會。那就是幫一位怪老頭，文書管理員林特霍爾斯特——他同時也是古籍文獻研究家、實驗化學家——抄寫文件，工資很高。安瑟姆斯滿懷欣喜，前往拜訪林特霍爾斯特先生。不料，當他正要拿起大門上黃銅製的敲門器時，敲門器上金屬鑄造的頭像突然「不懷好意地咧嘴一笑」，變成先前那個賣蘋果老太婆的臉，對著安瑟姆斯破口大罵。安瑟姆斯嚇得慌張地掉頭就跑，頭也不回地逃回住處。

不過，這位文書管理員林特霍爾斯特，其實是一位「火的精靈」。他的祖先福斯福洛斯（譯按：Phosphorus，是「晨星」的意思，也就是黎明時出現的金星）是火之神，在一場戰役中擊敗龍並和百合女王結婚。林特霍爾斯特雖然出自這樣的血統，但是聽到的人無不大笑，對他說：「這是東洋的傳說吧！林特霍爾斯特先生。」林特霍爾斯特則總是辯解道：「這不是胡謅，也不是寓言，這是真實的故事！」

安瑟姆斯終於見到林特霍爾斯特，才知道他聽到聲音、為之著迷的那三條蛇，其實是林特霍爾斯特的女兒；而有一對藍色的瞳孔、充滿魅力的蛇，則是他最小的女兒婕兒潘婷娜。於是安瑟姆斯開始為文書管理員林特霍爾斯特工作，同時沉浸在與婕兒潘婷娜見面的喜悅裡。

安瑟姆斯知道文書管理員其實是「火的精靈」，也知道蛇是他「名叫婕兒潘婷娜的女兒」。於是他「完全失去與日常生活外在接觸的感覺。他感覺到內心深處有某種不明的事物蠢動著，在他身上喚起了一種混雜著歡喜的痛苦。這痛苦同時化為憧憬，讓人渴望加入更高的、另外的存在之中」。

在日常生活中，我們身邊不會有什麼奇怪的事情發生，所見所聞，大致上都是已知的、可預期的事情。對學生來說，一個教授始終就只是個大學教授，講課的內容也不會有太大的改變。教授之中，也有人數十年如一日，不斷重複同樣的事情，連穿插的笑話都是一樣的。當然，有時候會有教授退休，或是副教授升為教授等異動，但大致上也都在可預期的範圍之內。一旦習慣了這些事，日常生活就變得索然無味。甚至會忍不住想，像這樣不斷重覆同樣的事，有什麼意義？幾乎對所有的事情都失去了興趣。

但就在這樣的日常世界中，有時候會浮現「非日常」的內容。原本以為是文書管理員的老頭子，其實是「火的精靈」；而且安瑟姆斯甚至曾經看到他變成老鷹在空中飛翔。然後，一條蛇其實是人世間罕見的美女。「其實是——」是一件非常重要的事。我們不都有這樣的經驗嗎？以為聽到人在說話，其實是鸚鵡的學舌。在思考這些事情的我們，知道自己「其實是」什麼嗎？

一般而言，我們不需要如此追根究柢。舉例來說，我們只要知道「我是XX大學的學生」就會覺得滿足，如果那是一所一流的大學，滿足的程度更會大幅提高。大學畢業後只要能進入「XX公司」——如果那是間一流的公司——就可以了。青年就算「作夢」，只要夢的內容都是這一類的事，那麼人生就可以四平八穩，不會出什麼亂子。安瑟姆斯一開始所「夢想」的，也只是成為宮中顧問官，和包曼副校長的女兒薇若妮卡結婚。但是現在一切都改變了，因為他看到了浮現在日常生活深處的非日常性。

非日常的世界裡，並非一切都是美好的。先前出現過的那個老太婆，越來越顯露出邪惡的本性，處處妨礙安瑟姆斯的行動。她煽惑薇若妮卡，並且設下計謀，要讓安瑟姆斯忘記婕兒潘婷娜，並和薇若妮卡結婚。安瑟姆斯因此被迷惑，差點真的忘記婕兒潘婷娜的存在。

或許有人會覺得，什麼火的精靈、蛇女等等，不過是騙小孩子的故事，引不起他的興趣。但是，在薇若妮卡和婕兒潘婷娜兩位女性之間猶豫不決，不知道該選擇誰才好，這種內心的掙扎，應該有很多人可以感同身受吧？前者可以帶來此世的幸福，這是很明顯的；但是，後者雖然通往滿布危險的未知世界，卻也讓人預感到某種超越此世的幸福。我們都知道，面對這樣的選擇，會產生多麼強烈的矛盾與衝突。

戰鬥

安瑟姆斯為了抄寫的工作，來到林特霍爾斯特的住處。他對書寫很有自信，特地把自己用最高級的中國墨水寫的字帶在身邊。但是林特霍爾斯特看了之後，卻毫不掩飾輕蔑的神色，還說「這墨水也不好」，便把寫了字的紙浸在水裡，紙上的字跡瞬間全部消失無蹤。安瑟姆斯感到全然挫敗，這時候林特霍爾斯特鼓勵他：「你在我這裡，一定可以寫得更好。」他才開始工作。安瑟姆斯一面寫字，一面在心裡想著婕兒潘婷娜的面容，耳邊傳來她的低語：「我就在你的身邊——」

安瑟姆斯在婕兒潘婷娜的愛鼓勵下，進行抄寫的工作。林特霍爾斯特來視察他工作的情況，這一次他似乎很滿意。他對安瑟姆斯說：「聽著。在你察覺之前，我就已經知道你和我最愛的女兒之間，偷偷地牽起了紅線喔！」雖然先前提到的那位老太婆，反對他們兩個人交往，但是「只有在戰鬥中獲勝，才能夠在更高層次的生活中得到幸福」。

在這裡，我們可以看到常見的，女兒與父親的主題。年輕的男性找到心儀對象時，戀人的父親會指派給年輕人「任務」；那多半是很困難的工作。年輕人有時候因為無法勝任而失去這段戀情，也有人因此而喪失性命。如果這對戀人感情深厚，這份愛情或許可以支持他完成任務。也有些時候，女性會以直接的方式，給予男性實際的幫助。

這種時候，愛人的父親對戀愛中的年輕男性來說，具有極度矛盾的雙重意義。首先，他為了保護自己的女兒，不惜殺死任何企圖接近她的年輕人，是令人恐懼的存在。但另一方面因為希望女兒得到幸福，他又會訓練、教導女兒的戀人，扮演強勢指導者的角色。林特霍爾斯特比較像是後者。這種因為一位年輕女孩，而在兩個男人之間所產生的微妙關係，即使在現代也是經常可以看到的現象。話說回來，最近這種強韌而具有智慧的年長男人，似乎已經越來越少了。

與林特霍爾斯特敵對（因此也是安瑟姆斯的敵人）的這位女性，是由邪惡黑龍翅膀掉下的一根羽毛，與一顆甜菜戀愛所生下來的女巫。然而有趣的是，這位女巫其實是在薇若妮卡小時候，曾經照顧過她的奶媽莉妗婆婆；而莉妗婆婆現在的身分，是預言家勞艾琳。原本薇若妮卡很不喜歡勞艾琳陰陽怪氣的樣子，但是當她知道勞艾琳其實就是莉妗婆婆的時候，開始對她產生好感，甚至自願當她的幫手。

在這裡我們看到另一位具有兩面性的人物登場——這次是一位女性。莉妗婆婆是一手把薇若妮卡帶大的溫柔女性，但是當她以勞艾琳的身分出現的時候，雖然原本目的是想要促成薇若妮卡與安瑟姆斯的愛情，但以結果來說，卻成為扼殺安瑟姆斯的力量。儘管林特霍爾斯特具有兩面性，但他被描寫為正面的人物；相反地，同樣暗藏著兩面性的「莉妎＝勞艾琳」，卻被賦予極具破壞性的形象，最後在與林特霍爾斯特的戰鬥中徹底落敗。

關於父親形象與母親形象（莉妎是奶媽）的這種差異，我們稍後再論。總之，就像林特霍爾斯特所強調的，為了得到更高境界的生活，「戰鬥」是必要的。我們必須知道，浪漫主義就是透過這樣的戰鬥而實現。我認為，就因為對這一點沒有明確的認識，許多日本人並不了解什麼是浪漫主義。很多時候日本人所說的「浪漫」（romantic），其實是「多情感傷」（sentimental）的意思。

母性是浪漫主義的敵人。在我們的幼年時期，母性扮演了養育者的角色，就像莉妎婆婆一樣；但是當我們長大成為青年，試圖在詩的世界翱翔的時候，母性卻化身為女巫勞艾琳來阻撓我們，使我們不得不將之驅除。這件事也顯示出，精神性在浪漫主義中是如何占有優勢；浪漫主義具有強烈的、排斥身體性的傾向。在這本書裡還有一個耐人尋味之處——婕兒潘婷娜的父親林特霍爾斯特，與薇若妮卡的父親包曼副校長，都登上故事的舞台，但兩人的母親卻完全沒有出現在故事裡。取而代之的是「莉妎＝勞艾琳」，以

「母性」的象徵在故事中扮演了活躍的角色，最後卻遭到消滅。

浪漫主義是一種重視感情世界甚於人類理性、重視夢想甚於外在現實的思想。那些試圖下探人類存在深處的人，真的能夠殺死母性存在、否定身體性嗎？這正是浪漫主義的悲劇性所在。浪漫派的藝術家有許多人過著悲劇的人生，甚至以自殺收場，並不是沒有原因的。

兩組婚姻

霍夫曼應該相當清楚地意識到浪漫主義的矛盾吧！他一直在忍受分裂的痛苦。常有人指出霍夫曼的作品具有「雙重結構」。在這部作品裡，婕兒潘婷娜和薇若妮卡所代表的雙重結構，要如何解決？霍夫曼的做法讓人覺得有點草率。在安瑟姆斯和婕兒潘婷娜結為連理的同時，包曼副校長的書記赫爾布蘭特，通過了宮中顧問官的考試，並向薇若妮卡求婚，薇若妮卡也欣然接受了。也就是說，故事的最後結成了兩對姻緣。

曾經那麼想要嫁給安瑟姆斯的薇若妮卡，在接受赫爾布蘭特的求婚時，向他坦白過去的一切，然後態度明快地表示：「我不會再與魔法有任何瓜葛，而且我誠心地祝福安瑟姆斯，在經過這麼多事情之後，終於能和綠蛇結合。那位小蛇小姐遠遠比我漂亮，也比我富有。而我呢，我決定成為宮中顧問官赫爾布蘭特先生誠實的妻子，一生愛你、敬重你。」我們不得不說，薇若妮卡清楚地知道自己的極限。所有的一切，都值得慶賀。

故事在這裡完全結束。我們不妨說，這顯示出霍夫曼雖然是浪漫派的作家，卻很清楚「現實」的重要性。從以前就一直有人指出，霍夫曼雖然被歸於浪漫派，但是他的作品裡對現實的描寫極為精確。對霍夫曼來說，夢和現實都很重要，從這部作品裡也可以看出這一點。他並沒有將薇若妮卡貶為一個普通的大小姐，而是懷著敬意來描述她，給予她幸福的結局。

作品是結束了，但是在實際的生活中我們該怎麼做才好？讓他們成為兩對眷屬，或許是心中一個可能的答案。然而，這種事是可能的嗎？一旦開始有這種懷疑——不論如何，認真追求夢想都是一件困難的事——難免就會覺得，應該還有其他的答案才對。有一件事或許可以當作我們思考的線索，那就是在這部作品中，婕兒潘婷娜和薇若妮卡，都無法讓我們覺得她們是具有個性、真實的個人。換句話說，這兩位女性是「霍夫曼」這個男性，在心中所描繪出的女性形象，她們和**活在現實中的女性**是不同的。

其實不止這部作品，大部分出現在浪漫派文學中的女性，即使對男性讀者來說具有莫大的魅力，從女性的角度來看，卻是相當無趣的人物。她們並不是被當作有血有肉的人來描寫。有時候我們可以看到一些女性，因為渴望受到男性的喜愛，以浪漫派小說中的女性形象作為生存範本。的確有些男性會受到吸引，認為她們「有女人味」而競相追求，但是她們也很容易因此失去自我，危及人生。

那麼，難道霍夫曼的作品是完全無意義的嗎？我認為在描寫人的內心——特別是男性的內心——方面，它是一部傑作。或許因為它的遣詞、敍事風格都過於老舊，現在的青年感覺不到它的魅力，但仔細想想就不難發現，它所描述的現象，在現代依然存在。不過，在**現代女性**的眼裡看來，它又呈現了什麼樣貌？接下來就讓我們觀察這一點。我們將會看見，夢與現實的區別變得極度曖昧不明。

02 夢與現實

霍夫曼的作品，呈現出一個「現實」與幻想微妙交錯的世界。主人翁安瑟姆斯一再地被視為患有妄想症、精神病，但所有的事情最後都以喜劇收場，所有經歷最後都證明是有意義的。換句話說，安瑟姆斯所經驗到的，全部是「現實」中的事情。

所謂「現實」到底是什麼？我們對於自己對「現實」的了解，難道不會過於自信嗎？對古代的人來說，要理解自然界的各種異常現象，是一件非常困難的事。而現在，雖然我們還是會因為自然現象而蒙受無法預測的災害，但是我們已經知道這些災害是來自地震、颱風、火山爆發等現象，也理解它們發生的經過。最重要的是，我們認為這樣的理解具有**普遍性**。有人看到神，其他的人卻看到龍——現在不會有這種事。現在我們認為「現實」只有一個，而且對任何人來說，它都是一樣的。

近代自然科學的急速發展，強化了這種看待現實的態度。如果我們對現實的認識循此方向持續「進步」，人類將可以支配自然——這種想法在近代成為強烈的信念，甚至對「夢」也用這樣的方式思考。但是到了我們這個時代，這樣的美夢破碎了；人們對於「認識唯一的現實」這種想法，開始產生懷疑。當我們明確區分現實與夢時，夢總是處於不利的地位；人們要不是重視現實而忽視夢，就是只把夢當作現實的佐證。但是，一旦我們開始覺得所謂的「現實」其實並不是那麼明確的東西，一旦我們認為現實有各種樣貌，那麼夢也就必須被當作某種「現實」來看待。

不要強行切割夢與現實，而把它們視為同等的「現實」，或許是比較好的看法。不過所謂的「同等」，也要看判斷的方式與程度。它們確實不是「相同」的，但是它們具有同等的重要性。以這樣的方式認識現實，「青春的夢」會呈現何種樣貌？讓我們透過吉本芭娜娜的《甘露》來觀察。

意識層次（level of consciousness）

《甘露》的主人翁是年輕的獨身女性「朔美」。朔美和男朋友龍一郎、龍一郎的朋友小住君，三個人一起搭飛機要去塞班島。她昏昏沉沉、正要睡著的時候，飛機突然猛烈地搖晃，於是她醒了過來。這時候友人榮子「突然出現在眼前」。也就是說，「（她的）氣味、畫面、觸感，所有的信息都向我撲面而來」。「我慌了手腳、坐立難安，感到一陣暈眩」。朔美去了一趟廁所，讓自己回過神來，剛回到座位，小住君就對她說：「剛剛是不是有個女人在叫妳？」朔美問他：「什麼樣子的人？」小住君回答：「嗯——看不太清楚……不過，很漂亮，瘦瘦的，聲音很高。」「沒錯，就是她。」「到了以後，最好馬上打個電話過去。」小住君說。

小住君的口氣和我的混亂不安正好相反，一副理所當然的樣子。好像他說的是「天氣冷，最好帶件外套」一樣。

「天氣冷，最好帶件外套」和見到某個人的幻影時「最好打個電話過去」，完全被當成同等理所當然的事來看待。兩邊都一樣是「現實」。這時候朔美重新整理自己的思緒，「我是不是必須適應這樣的reality（真實）？」沒錯，這就是所謂的reality。

有人會說：「哪裡會有這種荒唐的事情！」但是，我們只能說：「就是有。」曾經有個人告訴我，他在夜裡夢見某個朋友死了，早上醒來就接到那個朋友的死訊。然後他說：「會有這種事嗎？」我回答他：「你說的是發生在你自己身上的事，所以這種事是有的。」這就是所謂的reality。《甘露》想要描寫的，就是這樣的reality。人們所說的夢與現實，都包含在reality裡面。

《甘露》裡刻意使用「reality」這個英文字。應該是作者想要明確地表示，那和一般意義下的「現實」是不一樣的東西吧！作者雖然在說明朔美經驗到的事情時這樣寫道，「見到某個人的**幻影**……」但那也不是幻影，而是「reality」，所以才會直接連結到「馬上打個電話過去」這樣**現實**的行動。

一般我們稱為「現實」的，指的是人透過日常意識所認知的事物。最近開始有一種想法，認為人不止透過日常意識，也可以透過「超常意識」（altered state of consciousness）認識「現實」；而且我們沒有辦法說，哪一種意識所掌握到的「現實」才是正確的。這一點我們在談「現實的多層性」的時候已經討論過了。

朔美有一個十一歲的同母異父弟弟，名叫由男。他是一個很容易感應到各種超自然現象的少年。不願上學的他與懷著許多苦惱的朔美，兩個人到高知（譯按：日本地名）一間朋友的公寓借住休養。他們在那裡「看到了駭人的晚霞」。「一股壓力像透明的、赤紅的、柔軟的、巨大的能量，穿透城市與空氣中看不見的牆，向他們逼近。感覺如此逼真，幾乎讓他們無法呼吸。他們明白，那是一天將盡，日子在即將結束它自己的時候，在我們眼前一一展示那些龐大的、懷舊的、美到令人害怕的事物，然後離開舞台。他們真實地感覺到這一點」。

那是「猛烈的晚霞」。「正當那晚霞徐徐退去，某種難以言喻的不捨和爽朗的感謝之情混在一起，不禁悲從中來」。

他們兩人經驗到的晚霞，是否也為同一天看到晚霞的人們帶來同樣感受呢？答案是否定的。即使看到同樣的景色，隨著觀看的人意識層次的不同，會呈現完全不同的樣貌。對不了解這件事的人來說，他們一輩子所看到的晚霞就只是晚霞，不會引起任何感動。

讀到這一段關於晚霞的描寫，我想起霍夫曼在《黃金之壺》裡，安瑟姆斯第一次聽到婕兒潘婷娜的低聲細語，呆立在易北河畔時，書中對景色所作的描寫。霍夫曼無疑是深入到和《甘露》的作者同樣的意識層次，體驗到同樣的「reality」。只不過在他那個時代，就算把這些事情當作 reality 寫下來，也很難使讀者信服，所以他只能用「幻想文學」（fantasy）的形式來敍述。因此霍夫曼在他的作品中強調，他的幻想並不是虛構的，而是「真實」。

雖然我們提到意識層次的深入，但那並不表示意識變得模糊不清。如果不能在深入到較深的意識層次時，同時保持意識的集中力，就很難理解超自然現象。失去了這兩者的平衡，很容易變成生活在妄想的世界裡；也有人因為不安擴大，而陷入恐慌（panic）的狀態。曾經有人告訴我，當他突然受到不安感侵襲、恐慌症發作的時候，所看到的景物線條全部變得像刀鋒一樣銳利，向著自己的眼睛飛撲過來。朔美他們看到的晚霞，雖然是相近的意識層次體驗，但帶來的不是驚慌，而是深刻的感動。它們的區別只有一紙之隔，卻可以說是重大的差異。

「最近的青年沒有夢想」這種輕率的批評，我說不出口。在我們這個時代，夢與現實消失了界線，它們所構成的reality，是一個難以切割的整體。生活在其中的人類，隨時都有陷入瘋狂世界的可能。如果我們過度迴避這一點，雖然或許可以得到安全，卻只能活在一個單調、沒有感動的世界裡。

兩位女性

雖然我們只介紹了霍夫曼的作品與《甘露》之間的一個類似之處，但從這個角度觀察，還可以發現其他類似的地方。在《黃金之壺》裡，薇若妮卡與婕兒潘婷娜這兩位女性的對比，是故事中非常重要的要素。而《甘露》之中，重要的是朔美與妹妹真由的對比。「不知道為什麼，真由天生就相貌端正，和爸爸、媽媽或是我，長得都不像。（中略）她小時候的樣子，就好像一個天使洋娃娃一樣」。因為這樣的容貌，真由很早就進入演藝圈，「把演藝圈當作家而長大。所以她很久以前就已經離開自己真正的家庭了」。

而在自己家裡長大的姊姊朔美「雖然不能說長得特別醜」，但頂多只能說是個「普通」的女孩子。她和真由，剛好形成對比。後來，妹妹真由患了精神官能症，突然退出演藝圈；小說中對她那時候的狀態，有很精確的描寫。「隱退前夕的她，不論是面貌、體型、化妝或是服飾，都變得彷彿是單身男人的幻想，直接化為女人的形體一般」。「就好像臨時為了應急，只好用手邊現成的木板，到處釘釘補補，掩飾自己的弱點。說不定她就是在這個過程中，形成了拼拼湊湊的自我。而精神官能症，是她的生命力所發出的嘶喊。」

我們在討論《黃金之壺》的時候曾經指出，有些人以浪漫派小說中的女性形象，作為自己生存的範本。「彷彿是單身男人的幻想，直接化為女人的形體一般」這句話告訴我們，真由所做的，正是這樣的事情。而這樣的生存方式，讓她「失去自我，進而危及她的人生」。真的是如此。真由「開著車，正面撞上電線桿而死去了。那時她不但喝了酒，還吞服了大量的安眠藥」。

不過，這本小說第一次提到這場意外的時候，真由已經死去半年了。換句話說在這個故事裡，並沒有真由出現的場面。也許有人會因此認為，我們沒有辦法像討論薇若妮卡和婕兒潘婷娜那樣，去討論朔美與真由的對比。但這一點正是區分這兩部作品的重要差異。如前所述，夢與現實的分離，是霍夫曼作品的前提，而兩位女性則是在男性心中兩種分裂的女性形象。相對地，《甘露》則透過女性的目光描寫女性，其中並沒有夢與現實的分離。先從結論說起的話，我們不妨說這部作品所描述的，是朔美如何與真由合體，成為一個完整女人的過程。正因為同時具有「婕兒潘婷娜」與「薇若妮卡」這兩個面向，才能夠成為一個有生命的女性。而對這樣的女性來說，夢與現實的界線變得無限模糊。

為了讓兩種女性的形象合而為一，需要重大的體驗。在這部小說中，是朔美從樓梯跌落，撞擊到頭部因而失去記憶，連自己的母親都認不出來；她不得不從這樣的狀態出發，一點一點尋回記憶。我們可以說，從前的朔美在一度經歷死亡之後，重新創造自己的生命，而在這過程之間，她將真由融入生命之中。

有一個事件，象徵了這樣的「合體」——朔美和真由的戀人龍一郎「迷迷糊糊地發生了關係」。知道這件事以後，朔美的友人榮子這樣說：「這是幹什麼！妳不記得嗎？他是真由的男朋友啊！」朔美回答：「記得是記得，可是，哎，沒有真實的感覺，因為記憶很模糊。」榮子繼續追問：「妳該不會是故意忘記的吧？妳本來就喜歡他吧？」「老實說，現在我連這一點也不清楚。」朔美如此回答。

龍一郎是作家，真由死後一直在國外旅行。回國以後，他聽到朔美的意外大吃一驚，打電話到醫院來。朔美問他住在哪個旅館，偷偷跑出醫院去找他。看到朔美幾乎是光頭的樣子，他說：「朔美，妳變了好多！」但是，「他也不像我所認識的他」。在不斷的旅行中，他也抛下了某些不好的東西，變得非常清爽。

之後我就很自然地進了房間，在那裡過夜。那是一個漫長的夜晚，包含了「因為長期的旅行，對女人感到飢渴」這樣的層次，「手術後我第一次外出，感到有點興奮」這樣的因素，還有「本來互相就有好感，只是在等待這樣的時機」、「彼此幾乎都是以另外一個人的身分相會」、「感謝神，這真的是奇蹟」這樣的美好層次，全部包含在內。

總之，那是一個美好的夜晚。

作為朔美、真由合體的對象，龍一郎這位男性是必要的。雖然朔美與龍一郎的關係絕對不是所謂浪漫的，但是就像這一段文字所描述的，那是各種要素的複雜混合，其中也包含了浪漫的成分在裡面。經過我們前面的討論，這一點應該是很清楚吧。

十一歲的弟弟

在朔美一點一滴將真由融入自己，重新建造自己的過程中，龍一郎是非常重要的人物。朔美十一歲的弟弟由男——他和龍一郎具有同等的重要性——也協助她面對這個課題。一名青年女性試圖以生命體現青春的時候，竟然需要這種年紀的少年幫助，這一點非常耐人尋味。

由男的心對於超自然現象有極為敏銳的感應。他說：「這本書很有趣喔！」把《真的發生過的世界100樁神祕事件》借給朔美。書裡面有一段記載關於「擁有兩人份記憶的婦人」。居住在美國德克薩斯州的瑪麗・赫克特（四十二歲）自從發生交通意外之後，除了自己現在所擁有的記憶之外，還同時擁有曾經住在俄亥俄州，十七歲時死去的少女瑪麗・松彤的記憶。朔美讀了這一段故事之後，當天夜裡作了一個「奇怪的夢」。

在夢裡，朔美看到了「天空有著駭人的藍色，彷彿要將自己吸進去般遙遠」、「出生以來從未看過的，令人窒息的景色」。她的身旁坐著「瑪麗小姐」，兩個人彼此交談。瑪麗小姐告訴朔美，另外一位瑪麗的記憶如何和自己原有的記憶融合在一起，而成為自己的東西。聽了她的話，朔美說：「到底有沒有所謂『只屬於自己的自己』，這事很難說呢！」跟著她繼續說：「不知道為什麼，總覺得自己是已經死過一次的人。」瑪麗點頭微笑。瑪麗說：「我覺得好像有兩個靈魂緊緊相靠，透過我的眼睛看著眼前美麗的景色。」隨後露出幸福的表情。

陽光繼續照著，一陣雨就落在這陽光之中，景色美得不可思議。

一切都如此閃耀、如此甘美，風景是如此溫潤，我以為自己因為滿溢的喜悅與眩目的景色而流下了眼淚，但那只是天上來的水分，沾溼了我的臉頰而已。

「這一刻，一共四個人的人生，正看著天空、地面、雲，以及這一場太陽雨──說不定就只是這樣。」我說。

瑪麗靜靜地點了點頭。

這個夢讓朔美「雖然不知道是怎麼回事，總之充滿了感謝的心情」。它彷彿預告了在朔美找回記憶的過程裡，真由的記憶也將融入其中。值得注意的是，帶給朔美這個夢的契機的，竟是一個十一歲的少年。

由男和各種超自然現象有很深的牽連，也有幻聽的現象（不過我們也不能確定那能不能說是「幻聽」）。總之，他可以聽到某些人的聲音。在這種情況下，他不可能覺得學校那些普通的學習有什麼趣味，於是不願意上學。作姊姊的朔美同情弟弟，想要治療他的心，帶著他到友人位於高知的公寓，甚至和龍一郎去塞班島的時候，也邀他一起。但奇妙的是，想要治療別人的那一方，常常在不知不覺中成為接受治療的那一方。也許更恰當的說法是，在深層的治療中，會發生這樣的相互作用。帶著由男一起前行的同時，朔美也因為他而得到療癒。在朔美將真由「復原」的過程中，由男扮演了重要的角色。

由男問朔美知不知道，真由曾經「拿掉兩個龍一郎的小孩」。朔美很驚訝他怎麼會知道這種事，由男告訴她「是夢見的」。他在夢裡見到真由。夢中，真由在某個後台的更衣室裡。由男「出於這些日子以來的想念，想要觸摸真由，卻沒有辦法。她那接近透明的白皙肌膚及笑容都如此莊嚴，令他敬畏；而且雖然是在夢中，他也知道真由已經死了」。真由對他非常溫柔，要他轉告朔美，她唯一感到遺憾懊悔的事，就是沒能把那兩個小孩生下來。然後她說：「那只是因為自己太性急了。除此之外不是任何人的錯。」她忠告由男：「小由很早熟，所以也要小心喔！不要像我這樣急躁。」她還說了這樣一段意義非常深遠的話：「實際上真的活著的時候是不會懂的，但是待在這個後台就看得很清楚喔！天空是藍色的、一隻手有五支手指頭、爸爸媽媽在路上，和不認識的人打著招呼——這些事就像咕嚕咕嚕地大口喝著好喝的水一樣。如果沒有每天喝，是活不下去的。不管什麼，都是這樣。明明水就在那裡我們卻不喝，真的口渴了，是會死掉的喔！」

真由透過具有超能力的由男，告訴朔美許多事。「沒能生下那兩個小孩……遺憾懊悔的事就只有這個」這句話想傳達的，是希望朔美生下龍一郎的孩子吧！她還說，一般稱為外在現實的那些事，「如果沒有每天喝，是活不下去的」。我們必須接納這些事，並且在自己的內在消化它們。聽了這樣的話，不禁感覺一般為外在世界與內在世界、夢與現實所劃下的界線，逐漸變得極度模糊。現代的青春，就存在這裡。

敲頭

對從前的青春來說，現實與夢的區別清楚分明；青年在「如何將夢**現實化**」這件事上面，尋找人生的意義。但是現在我們逐漸明白，這個方法是怎麼也行不通的。對現代的青春來說，夢與現實的區別變得模糊不清。重要的是接受它們都是真實，而設法活在其中。在《甘露》裡，這種生存方式的領路人是一個十一歲的少年，非常引人深思。我們也可以說，那是自己「內在的少年」。總之，十歲左右的孩子是非常奇妙的存在。雖然不能一概而論，但某些處在這個年紀的孩子們，擁有一種可以和青春共鳴的東西。

十歲左右的孩子不是這本書的主題，所以讓我們簡單帶過。但就像由男那樣，這個年紀的少年也會思考死亡、思考愛情，連青年都要自嘆弗如。他們預先感受到青年期的不安。雖然真由說「如果沒有每天飲用」現實，是活不下去的，但那反映到表象世界時，卻成為我們描述過的厭食症：她頑強地拒絕讓外在的東西進入自己的內部。這樣的精神官能症，其實在她十歲時就已開始了。

朔美因為「頭部受到撞擊」而失去記憶，被迫重新建構自己的記憶，但也因為如此，她反而變得比較容易接近原本已經忘記的過去，也因此她和十一歲的弟弟心意非常契合。十歲左右的朔美，應該也體驗過類似由男感覺到的不安吧。

龍一郎的友人小住君和太太「挨壓子」這一對夫妻，在朔美與龍一郎的關係逐漸深化的過程中，扮演了不可或缺的角色。這裡我們也可以看到「兩對伴侶」的主題。這兩個人住在塞班島。就像先前所介紹的，朔美在飛往塞班島飛機上所經歷的那種超自然現象，對小住君來說是家常便飯；對他的太太挨壓子來說，也是如此。龍一郎和朔美在塞班島，對小住君夫婦非比尋常的能力驚訝不已。

雖然某種程度上，小住君夫婦幾乎可以說是居住在靈的世界，但另一方面，卻也會為了無聊的瑣事拌嘴。朔美目瞪口呆，「他們是靈性方面高尚的人？還是普通的新婚夫婦？他們可真忙啊」。換句話說，單純的二分法是行不通的，就像夢與現實交雜，聖與俗也是混在一起。

要品味夢與現實、聖與俗交雜混合的青春，必須進入相當深層的意識層次。如果只有日常的意識體驗，就無法理解這樣的事。為了體驗這種深層的意識層次，朔美必須經歷妹妹的死，以及從樓梯跌下、撞擊到頭部這種嚴重的遭遇。朔美的深刻體驗背後，存在著死亡。只要發生少許的錯誤，就會走到另一邊的世界去了。朔美就持續走在這生死的交界線上，用生命把握現代的青春。朔美第一次見到挨壓子的時候，挨壓子對她說：「有一半的妳，已經死去了呦！」朔美「聽了心裡很不是滋味」。「那並不是壞事，」挨壓子說，「正因為已經死了一半，不知不覺中妳剩下來的潛能已經全開。妳已經重生了呦！那些瑜伽修行者用其一生所追求的，就是這個喔！」為了讓朔美所具有的潛能「全開」，「半死」的狀態是必要的。

遠離死亡而活著，是安全的。但世界上有「安全的青春」這種東西嗎？即使有的話，也不會有任何樂趣吧？話雖如此，經歷親人的死亡，或是撞到頭而死裡逃生這種事，再怎麼說都是不幸的。稍微出一點差錯，就會走向毀滅。但是我們可以說，若是不經過某種不幸或危險，是無法成就意義深遠的事物的。因此，《甘露》的最後以這樣幾句話結束全書：

撞到頭，也是一件好事。
讓我們如此斷言吧！

＊＊＊

前一陣子，我走在東京原宿一帶的街道上，看見許多人聚集。出於好奇，我也走進人群裡，看到幾個年輕人拿著看起來像棍棒的東西，互相敲打彼此的頭。我心想：現在應該不會還有學生運動團體間的內鬥吧？仔細一看，青年們的表情確實是不一樣的。和學生運動內鬥時期目露凶光的臉孔完全相反，他們在互毆的時候表情非常祥和。「以前曾經有過竹筍族[1]，最近則是香蕉族哪」在場觀賞的群眾之一這樣說，臉上也是帶著柔和的表情。

我看了看四周，樹立著許多旗幟，上面寫著「青年呦！來敲頭喔！」也有英文的旗子，寫著「Boys be ambitious![2]」。這樣一來，我也了解大概是怎麼一回事了。但這些年輕人打頭的樣子實在過於激烈，我開始覺得擔心。

1 譯註：「竹筍族」（日文：「竹の子族」，亦譯為「竹之子族」）指在戶外穿著大膽華麗的服裝，以手提式卡帶音響播放狄斯可音樂、集體跳舞的活動，以及參與這種街頭表演活動的年輕人。一九八〇年代前半發源於東京都原宿代代木公園的行人徒步區，一度非常盛行，亦流行到日本其他地區，但這股熱潮在一九八〇年代後半迅速消退。

2 譯註：「Boys be ambitious」是日本廣為人知的一句勵志名言，被銘記在位於北海道的 William S. Clark 博士塑像的底座之上，但實際出處不明。

其中也有人滿臉無比幸福的表情，血卻汩汩地從頭上不斷流出來。我再也不能忍耐，試圖勸阻他們：「你們啊！敲頭是可以，但是用棍棒打就太過份了！」年輕人眼珠子轉了轉，看著我說：「這不是棍棒噢。塞班島有一種叫作AMRITA[3]的巨大香蕉樹，這是用那個做的。」即使如此，我還是想勸阻他們。「請不要用AMRITA，請改用AKIRETA。AMRITA還是木頭，AKIRETA是氣體比較不會危險。你們再這樣做下去，腦袋會出問題！」我大叫出聲。

我被自己大叫的聲音嚇醒。大概是閱讀《甘露》太過認真，以至於它鑽進夢裡來。難得它都進到我夢裡了，卻因為作夢的人不好，變成一個可笑的怪夢。看來我也該敲一敲頭了。

3 譯註：amrita 是《甘露》一書的原名，原意是印度神話中一種神祕的飲料，飲用後會得到不死之身。Akireta 是日語「吃驚」的意思，另外在東京方言中有「錯過了也不奇怪」的意思。

03 以生命體現夢

談到夢——我們該怎麼看待睡覺時作的夢？一般說到「青春的夢」，指的是在清醒的狀態下，對自己的將來所懷抱的，模糊的希望與願景。或者有時候這些希望與願景非常明確，但是不知道有什麼方法可以實現。這種「夢」雖然和睡覺時作的夢有關，但並不是同一件事。睡覺時作的夢處於較深的意識層次，但是一般來說，因為它和清醒時的意識不容易連結，所以睡覺時的夢常常看起來是無法理解的。但是，如果我們從正面面對它、思考它，有時候夢的意義會出人意料地浮現。

夢的解析是筆者從事心理治療的主要技法之一，我常聽到青年對我敍述他們的夢。不過，若是要談論夢的解析，有很多事項必須預作說明。在本書中，我將僅揀選與本書主題有關的部分，以非常簡要的方式敍述。

夢的意義

早上起來即使還記得前一晚所作的夢，但大部分給我們的感覺，是完全荒唐無稽的。但是，如果我們延伸之前的討論，試著把夢也當作一種現實來認真對待，會看到什麼樣的光景？

讓我舉一個例子。某位青年在小時候經常和父親去釣魚，上大學之後，有一次他夢見和父親一起去釣魚。父親下竿的地方，立著一支標示板，寫著「嚴禁垂釣」。這位青年指著那支標示板提醒父親，但是父親完全無動於衷，若無其事地繼續釣他的魚。

作這個夢的學生，非常尊敬父親。他的父親是一個溫和但十分嚴謹的人，像無視禁釣標示這種事，是絕對不會做的。帶他去釣魚、教他種種有關釣魚的知識的父親，對小時候的他來說是「無所不能」的。對於在夢裡父親破壞禁令的行動，他既無法了解，也不能接受。

其實在進行夢的解析時，重要的不只是聽取夢的內容，還要知道當事人當時正在思考的事情、感覺到的事情。我們必須了解當事人在日常生活中的意識狀態，試著把「這位青年尊敬自己的父親是一個有能力、正直的人」和「父親行為不正當的夢」都視為現實。重要的是，不要馬上決定哪一邊才是正確的，暫時就讓互相矛盾的事實保持矛盾，同時接受它們。

我們已經多次談到現實的多層性。以這件案例來說，如果當事人只承認「父親是正直的人」這個現實，他將會認為這個夢荒唐無稽而棄之不顧。但假使他根據這個夢作判斷，認定「父親真的是一個行為不檢的人」——就像那些「偏好夢」的人常犯的錯誤——那麼他就只看到夢裡的這個現實。倘若他能夠不偏向任何一方，承受矛盾，將可以領會許許多多的事。

首先他會反省，自己是否因為過於尊敬父親，而一味地模仿、複製其想法與行為？雖然自己立志要「活得正」，但所謂「正確」的根據，是否也應該受到質疑與檢視？自己以為正確的事，很可能並非如此；自己覺得不正當的事情，也說不定有它的意義（先不說別的，父親就若無其事地破壞禁令）。一旦開始思考這樣的事情，整件事就不只是如何看待父親的問題，而會擴大成為對世間一般道德觀的反思。

雖然過去這位學生毫無保留地接受父親所有的意見，但有了這些想法以後，他也許會開始一點一點地表達自己不同的看法。或者，他也可能在過去認為「不正當」、不屑一顧的事物中發現意義，稍微嘗試看看。當然，這些事既困難又危險，必須一步一步地進行；每次只要前進一點，就仔細觀察周遭的反應與自己接下來所作的夢，並且以之作為基礎重新思考，這樣的事情我稱之為「以生命體現夢」。

接下來要介紹一位二十五歲的美國男性所作的夢，參考《啟動閾》4（*Thresholds of Initiation*, Joseph L. Henderson）。

我在一座巨大的橄欖球場裡。看不到任何一個人。我要離開了，沿著斜坡上的通道往下走。這時候，我嘆了一口氣。

這是想要結束青年期的人典型的夢。夢裡面的球場，是他學生時代在大學對抗賽中，去聲援母校的球隊時常去的地方。熱烈地為體育競賽加油的時刻，不管是誰都能夠真切地感覺「母校」就在身旁，支持著自己的身分認同。然而在這個夢裡面，球場裡沒有任何其他人，自己也要離去。這個夢是在告訴作夢的人，大學這個團體已經不再能夠支持他的身分認同，他將走上孤獨的道路，否則就必須找到新的團體。

這個案例的當事者如果想要「以生命體現夢」，就不能再依賴自己是「XX大學畢業」這種事，而必須以自己的力量，努力探索新的身分認同；這樣一來，夢也會捎來新的訊息。事實上，我們引用的這本書，就記錄了這個方向的發展，介紹了後續的夢。不過這一點我們暫且略過。

以上為讀者介紹的兩個案例，雖然很單純，但若能以這個方式了解夢的

4 譯註：日譯內容出自『夢と神話の世界』浪花博・河合隼雄訳、新泉社、一九八五年より。

訊息，睡覺時作的夢也會具有非常重要的意義。

我們必須注意，不要直接將夢的內容，視為正確的事物而照單全收。雖然有時候我們的確會這樣做，但是從現實的多層性來看就會明白，夢是極度多義的。我們必須訓練自己承受它的多義性，從中萃取出真正對自己有深遠意義的要素。

舉例來說，在《甘露》裡，小住君和挨壓子第一次相會的時候，發現彼此在夢中已經見過面，於是把這件事當作緣份而結婚了。這一對相處得很好，發展出良好的關係。但也有人雖然在現實中遇到夢中人，也認定對方是命中註定的對象而結婚，但後來婚姻生活並不順利。要認識、理解夢帶給我們的訊息，是相當困難的，不過仔細想想就知道，這也是理所當然的。在現實生活中，別人會對我們說各種「好聽的話」，但我們並不會全部相信，也不會對他們言聽計從；我們會仔細地檢討，審慎地判斷。對於夢，我們也應該有同樣的態度。

青年們的夢

我想要再舉出幾個令我印象深刻的例子。首先是一個女學生的夢，我在別的場合也發表過這個案例。這個女孩子成長於非常嚴格的家庭，在性方面有很強的禁忌。但是她卻有幻聽的現象，聽到周遭的人們談論她，說她是「色情狂」。她受不了這樣的情形，尋求我的協助。我們進行了幾次夢的解析之後，她作了以下的夢：

「主人翁是一位公主（自由奔放的人），雖然隨從們試著阻止她，她還是穿著很短的裙子。場景突然轉變，我自慰了，那是非常不應該的事情。A（男性）追著我跑。場景再度改變，最後公主覺得羞愧而自殺。」

就像我們在討論《黃金之壺》和《甘露》時所談過的（譯按：兩種女性形象的問題），在這裡可以看到「我」和「公主」兩位女性的對比。公主的自殺和《甘露》裡妹妹的死，互相對應。不過作這個夢的人說，在夢裡她察覺公主似乎就是她自己。也就是說，兩位女性之間只有些微之差，說不定其實是同一個人。這和《甘露》中死去的妹妹真由，最後融入姊姊朔美的存在之中，也是相互呼應的。

出現在這個夢裡的公主，生活方式自由奔放，是作這個夢的人從來就做不到的事。夢中雖然發生她本人被男性追逐、對自慰感到罪惡感等插曲，但因為後來公主「覺得羞愧而自殺」，所以這些插曲是她本人發生的事，或是發生在公主身上的事，變得曖昧不清。兩者應該是以這個方式進行融合吧。我們期待她本人可以因為夢中公主之死，在日後成長的過程中，納入些許自由奔放的態度。

接下來介紹一位年紀稍長，大學畢業後從事專業工作，將近三十歲女性的夢。

「實驗室的桌子上放著一些實驗器具，還有各種機器。我（實驗的指導者，穿著白袍的男性）進到實驗室裡，一位女學生告訴我，有一些地方她無法理解、不能接受。兩個人開始討論。雖然一開始並沒有那個意思，但因為最後只能用武力解決，所以兩人試著（？）對決（雖然口氣很兇惡，但沒有那種感覺）。後來我和她握手。不知道在什麼時候她變成了我，我胸中充滿難以言喻的感動，激動了起來，和老師握手。」

這是一個令人感動的夢，在其中我們看到女性創造出與男性之間的正向關係。為了構築男女之間的關係，了解對方是很重要的事，因此也需要讓自己置身於異性的立場來看待事物。這位女性在夢中變身為男性，和一位對某些事「無法理解、不能接受」的女性對決，因此讓關係得以深化。她能夠在夢裡變身為異性，對這件事來說是相當有利的。

最後要為各位介紹的這個人，在青年期所作的夢，可以說為他訂立了人生的方向。那是京都愛宕念佛寺的住持，在佛教美術方面有諸多著作的西村公朝，自述在青年期所作的一個，令人印象深刻的夢（『千の手千の眼』法藏館、一九八六年）。

昭和十七年（一九四二年），西村公朝是入侵中國日本軍的一名士兵，那一天他隨著部隊從漢口連夜行軍，要到長沙去。在極度的疲勞之中，他邊走路邊睡覺，其間作了這樣的夢：

「在我的右手邊，不知有幾千、幾百尊破損的佛像，帶著悲傷的神情排成一列。我走過他們面前的同時，一尊一尊地仔細看著他們。阿彌陀如來、藥師如來、千手觀音、地藏菩薩，還有其他各式各樣的佛像，有的斷了手腳，有的頭部或身體斷裂，樣貌十分可憐，快要倒下來的身體互相倚靠著彼此。我不發一語，靜靜地從他們面前走過。但是我看到前方，還有不知幾千、幾百尊。於是我一邊走著，一邊對佛像們這樣說：

『各位，如果希望我為你們修復，就請讓我平安地回到家鄉。』

這時候我醒了過來，身旁的戰友靠在我的身上，一面睡覺一面走著。不知道為什麼，我心中升起了一股安心的感覺。當時那些佛像的容貌，還有那種自己也不能理解的欣喜，到現在都還無法忘懷。」

作了這個夢之後，一直到戰爭結束的三年半之間，西村雖然一直滯留在中國，卻能夠不發一槍一彈地度過那段時間。從軍前他原本是東京藝大主修雕刻的學生，戰爭結束回國以後，他發揮自己的才能，一心一意專注在修復佛像上，後來更出家為僧。透過**以生命體現自己的夢**來開拓人生，西村公朝可以說是最佳的例證。

他在夢裡所看到的破損佛像，可以視為他那些身心都殘破不堪，仍然繼續前進的戰友，也可以看作是以戰爭傷害他人的同時，也傷害了自己靈魂的日本人。西村回國後所從事的佛像修復，對眾多受傷的日本靈魂來說，可以說是一種治療的工作。這是一個非常了不起的夢。當然，為了以生命體現這個夢，西村付出了巨大的努力，這是可以想見的。

透過上述這幾個例子，我想讀者們已經能了解，睡覺時所作的夢也具有重要的意義。而體現這樣的夢，和實現另一種夢——理想與願望——並沒有太大的差別。不論如何，要怎麼在這種多層的 reality 中生存下去，對青年來說是一個重大的課題。

第四章

青春的遊戲

當我們説謳歌青春，意思就是高聲宣揚、主張自己的存在，以及身心的年輕與充滿活力。能夠在工作中做到這一點的人是非常幸福的。但一般來説，工作在許多方面會受到各種限制束縛，要在工作中謳歌青春並不容易。特別是年輕人經常必須接受年長者的管理，更加重了在工作中謳歌青春的困難。相對地，在休閒遊戲的場合，反倒提供了年輕人許多謳歌青春的機會。

青年期的身與心，向外擴張的力量與向內探索的力量是共存的。有的人只強烈地意識到其中一方面，有的人被捲入這兩種力量的嚴重拉扯中；受此狀態影響，當事人遊戲的方式與樣貌會有很大的不同。有的遊戲一個人就可以享受，有的適合團體共同玩樂；有的需要耗費相當大的體力，也有的和體力完　無關。青年根據自己的狀態選擇遊戲，而各種遊戲不同的性格，也會反過來從青年身上引出不同的性質與潛能。現在就讓我們來思考、觀察青年期遊戲的種種樣貌。

01 遊戲的意義

遊戲與工作被視為對比的概念，在一般人的想法裡，工作的評價比遊戲高。我們說一個人「愛玩」，其實帶著一些輕蔑的意思。小時候大人教導我們要「認真學習、認真遊玩」，但多田道太郎認為，事實上「在公開的說法裡，學習為主，遊戲為從」。多田在他的《現代風俗筆記》（『現代風俗ノート』筑摩書房、一九九四年）中，引用明治二十七年（一八九四年）刊行的《普通小學讀書教本》（『尋常小学読書教本』）第四冊中的一段話，作為例證：「人從小就應該珍惜光陰、努力學習，餘暇的時候從事各種遊戲，以養身心」。也就是說，遊戲是學習之「餘」才做的事情。

相對於一般的想法，荷蘭文化歷史學家赫伊津哈（Johan Huizinga）在著名的《遊戲的人》（*Homo Ludens*）一書中，光明正大地主張遊戲本有的義，而法國社會學家凱瓦（Rogers Caillois）則對他的學說提出了一些批判。以下我們將比較他們兩人的思想，簡單地思考工作與遊戲的關係，並以此為起點更廣泛地思考遊戲的意義。

工作與遊戲

如前所述，在一般想法裡，相對於工作，遊戲是次要的活動。因此，關於遊戲雖然也有「休閒理論」、「遊戲復演論」、「精力過剩說」等學說，但它們或多或少都以「工作為主」作為前提。我們雖然不能否定這些觀點的存在，不過相對於赫伊津哈在《遊戲的人》中明確指出遊戲首要而根本的價值，不得不說他的主張是劃時代的。

赫伊津哈從根本上顛覆了工作是最基本價值的想法，主張「文化起源於遊戲之中」。他的說法令人有恍然大悟之感。的確，在人類的各種行為中，被稱為「文化」的事物，從維持生存的角度來看，確實可以說是**多餘的**。因為「文化」從遊戲——也就是多餘的事——中誕生，所以赫伊津哈提出，遊戲「比任何文化都更為根本」的說法，也就深具說服力。

從這個想法來看，真正的文化若不具有某些遊戲的內涵，是無法延續的。赫伊津哈並且警告，十九世紀以降，隨著社會生活組織化的推進，遊戲的要素逐漸喪失，嚴肅認真的傾向越來越強；這是現代文明的危機。確實，稍後我們也會再次討論，因為現代是「效率」的時代，一旦人在遊戲時也開始「追求效率」，赫伊津哈所說的「遊戲」意義，說不定會日漸消失。即使是所謂的休閒，也因為被精巧地「組織化」，而失去了玩心。這真是奇特的現象。

赫伊津哈「遊戲比所有文化都更為古老」的主張，一舉提高了過去一直受到貶抑的遊戲的價值，具有劃時代的意義。凱瓦對赫伊津哈學說的重要性給予高度的評價，但同時也提出了批判。他認為「遊戲」與「神聖」應該是兩個不同的範疇，但是赫伊津哈的「遊戲」概念中，卻混雜了原本分屬於這兩個不同範疇的要素。以下我將根據凱瓦的《人與神聖》（*L'Homme et le*

Sacré, 1969），簡單扼要地介紹他的思想。

凱瓦認為，遊戲與神聖同樣都和日常性對立。就這一點而言，它們是共通的；但是它們和日常性對立的方式，正好相反。神聖和超越的存在有關，為了神聖的目的所舉行的儀式，小至各種微小細節，都是事先就規劃好的，因此儀式的進行，需要細心注意。神聖透過儀式所引出的超越性力量，支配著我們的日常生活。舉例來說，古代戰爭進行的方式，甚至是戰爭的中止，都是透過神諭決定的。相對地，遊戲的規定並沒有詳至細節，它比較自由、輕鬆。當現實生活的重要性提高時，遊戲的世界很容易就會遭到破壞。公司午休時間所進行的遊戲，不管有多麼好玩，或者正進行到高潮，只要上班鈴聲一響，就不得不停止。

根據凱瓦的想法，世俗（日常的世界）存在於神聖與遊戲這兩個領域中間（請參照圖一）。換句話說，此三者形成一種階層式的結構。以勢力的強弱來說，其順序是由上而下；但是從參與者個人的自由度來看則是相反，由下而上。凱瓦的這個意見，雖然也有它的說服力，但是赫伊津哈好不容易指出遊戲的本質，卻被他用遊戲與神聖，分割成兩個領域。且讓我們針對這一點，以下述的方式，試著修改凱瓦的看法。

「聖·俗·遊」的環狀結構

讓我們以遊戲的情況為例。凱瓦主張俗比遊更具有力量，但是，我們不也會為了遊玩而蹺班嗎？家鄉出身的選手在奧運大

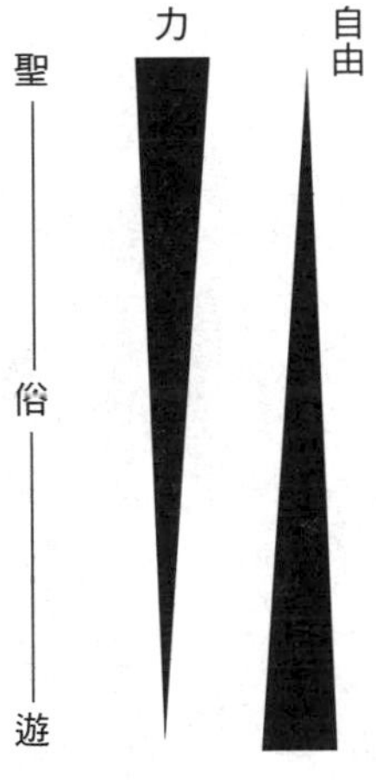

圖一　聖·俗·遊的階層結構（凱瓦）

顯身手時，大家把工作丟在一邊，聚集在電視機前，不是已經成為公認的慣例了嗎？此外，雖然凱瓦主張俗受到聖的支配，但我們不也看到過國家權力或富豪的力量，大到可以支配聖的世界嗎？如果說這些是例外，那麼例外也未免太多了。考慮到這些面向就會覺得，凱瓦所說的階層結構，其實並不是那麼地明確。

說不定我們可以說，特別是「現代」這個時代，讓這種階層結構變得極為模糊。思考一下人們實際生活的狀態，這種感覺會更強烈。舉例來說，有某位企業家，對文書、公文的寫法與格式特別嚴格挑剔，不容許部下有些許錯誤。但是他對於祭拜父母親的法事卻毫不講究，只找個家裡的人代他出席就可以；有關法事的「儀式」，他也沒有什麼嚴謹的想法。綜合上例以及稍後我將舉出的一些事實，我想也許以環狀結構來說明「聖・俗・遊」的概念會比較恰當（請參照圖二）。在許多種意義下，聖、俗、遊相互交流、滲透的情形都非常頻繁而明顯。神聖世界的儀式、禮儀變成遊戲的例子很多，比方角力，最初的起源就是宗教儀式，奧林匹克運動會也可說是如此。許多人指出，孩童的遊戲裡經常殘留著古老禮儀的吉光片羽。還有，當僧侶根據布施金額多寡，來決定施主的法號時，神聖領域已經非常接近世俗世界了。「觀賞庭園是不是一種宗教行為」在思考日本人的宗教性時，是一個重要的問題；但是在寺廟的庭園旁，和住持討論「如何才能避稅」，卻已進入極度世俗的領域。

遊戲的世界也是如此。現代不但出現以遊戲為職業的人，而且地位越來越高，成了這個時代的特徵之一。最明顯的例子是「藝術家」。本來所有的「藝」都是一種遊戲，但是它的價值

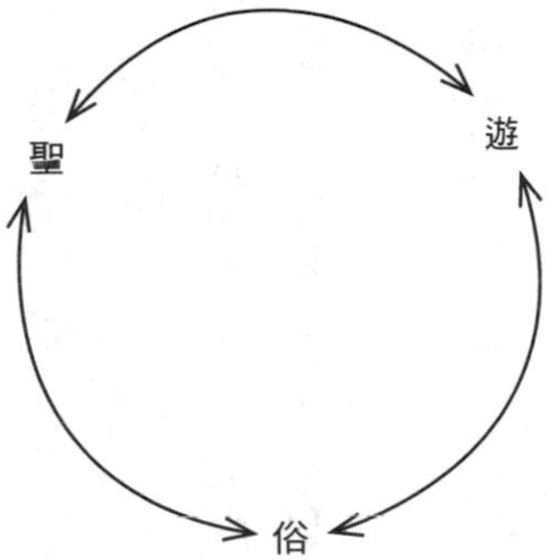

圖二　聖・俗・遊的環狀結構

被抬高、改稱「藝術」，還成為一種職業，變成世俗的工作，而且是地位很高的一種。除此之外，許多運動競技也變成職業。現代人對於透過禮儀參與神聖世界失去信賴感，因此經由遊戲通往神聖的道路就變得非常重要。藝術所引發的感動，有時會喚起我們的宗教性；某些場合下，運動競技帶來的感動也可以稱為是具有宗教性的。先不論參賽者是否意識到這一點，但被職業選手高超的技術打動內心、變得越來越狂熱，是很接近宗教性的。職業足球選手在射門進球後，會在球場上做一些類似跳舞的特定動作，作為慶祝「儀式」。這種連細節都事先設計好的行為，根據凱瓦的定義，已經不是「遊戲」，而屬於「聖」的領域了。

世俗世界的工作，也向神聖或遊戲的領域靠近，和歐美比起來，日本的這種傾向特別強烈。即使是製作汽車的一個零件，不但要求規格與尺寸沒有誤差，更力求完美，這種態度讓人感覺到宗教性的成份。在所謂「職人氣質」的態度中，利益不是工匠的考量，他們在乎的是遵守自己內心的規範與標準。在這個意義下，工作變得幾乎像是一種宗教儀式。另外，也有很多人把工作當遊戲來做，賺不到錢也沒關係，他們就是想做自己喜歡的事，把工作當成樂趣、嗜好。

考慮到這些事實，我認為比起階層式，用環狀式來描述聖、俗、遊之間的關係更符合實際；特別是思考遊戲在我們這個時代所具有的潛在宗教性時，環狀模型很有幫助。我們也可以這樣想：當我們強調一神教的神存在，將它當作最優先前提，那麼聖、俗、遊的關係會形成階層式的結構；但如果我們並不是那麼強烈地主張一神教，這三者的關係則會呈現環狀的狀態。因此我們也可以說，環狀結構原本在日本就非常明顯，而隨著一神教的神形象在歐美逐漸衰微，環狀結構在這些地區也逐漸浮現。

各式各樣的遊戲

遊戲也可分為許多不同的種類，從剛剛的討論來看，有的遊戲非常接近工作，有些十分接近宗教儀禮。運用身體的遊戲、不需要身體的遊戲、一個人玩的遊戲、團體進行的遊戲、可以清楚分出勝負的遊戲、與勝負無關的遊戲等等，我們有無限種分類的可能。還有，大家都知道凱瓦的遊戲原理包含：⑴競爭、⑵偶然、⑶模擬、⑷暈眩（譯按：指出神的狀態）等四大要素。這些原理的各種組合方式，形成各式種類的遊戲。

關於青年的遊戲，有一點值得注意，那就是玩這些遊戲的理由，不一定是因為覺得它們「有趣」。當然，若是想在運動競技方面加強自己的技能，的確需要吃苦，但那是當事人自己追求的，所以另當別論。然而有一些遊戲並非如此，它讓當事人覺得，如此痛苦的事情應該要停止比較好，卻怎麼也停不下來。舉例來說，有一位青年告訴我：「柏青哥一點也不好玩。我一邊想著應該早一點結束、趕快回家，一邊卻繼續玩下去。就好像自己是為了受苦而打柏青哥一樣。」怎麼會發生這樣的情形呢？投入時間、金錢，竟然只是為了受苦。

大多數情況下，這種在遊戲中受苦的人，幾乎都知道自己有非做不可的事，卻逃避不去做。前面提到的那位青年表示，「就算回家，也一點意思都沒有」，因為家裡沒有樂趣，不得已只好一直打柏青哥。但是當我繼續傾聽他的感歎，卻發覺他所謂的「家裡沒有樂趣」，其實只是他對母親的不平與不滿而已。後來他堂堂正正地和母親「對決」，改變了狀況，就不再需要用柏青哥來折磨自己了。所以他玩柏青哥，是為了逃避「離開母親獨立」這個困難的課題。

這位青年對我說：「醫師，我覺得那些真的因為有趣而玩柏青哥的人，非常了不起。」這句話真是一針見血。不管什麼事，只要真的樂在其中，都是有意義的。這位青年說：「我覺得用柏青哥折磨自己的人好像很多。」說不定真的如此。有時我會對一些年輕人說：「你如果真的喜歡、真的覺得有趣，不妨做做看」——即使這件事從僵化的道德觀看來是一件「惡事」。因為，如果這件事對當事人來說沒有意義，那麼它的樂趣也不會持續太久。

還有一種青年期的遊戲，幾乎可稱為「毀滅型」的遊戲，遠遠超過「用柏青哥折磨自己」的範圍。不過這一點我們留到下一節，談到遊戲與宗教性的關聯時再來討論。

我們在探討遊戲的問題時，還有一點不容忽視，就是機械上的「間隙」概念1。車軸與軸承之間細微的差異，就叫作「間隙」（也就是彈性空間）。如果車軸和軸承的直徑過於吻合，就會因為太緊而無法轉動；但如果間隙太大，也會嘎嗞作響，無法順暢運轉。所以適度的間隙，可以讓運作順利。

人生想要過得平順，像這樣的彈性空間是必要的。對話中的玩笑，也是一種間隙。如果玩笑和談話內容無關，要說是廢話也真的挺廢話；但是它作為一種間隙，卻可以讓對話順暢進行。很早以前就有人指出，和歐美人比起來，日本人開玩笑的能力很差；但我覺得最近的年輕人在這方面靈巧多了。今後國際間的交流將會越來越頻繁深入，日本年輕人也該多加琢磨自己開玩笑的才能吧！

或許將玩笑作為間隙比較容易理解，但它的意義不止如此。有時候玩笑可以說出平常我們正經八百時說不出來的真相，有時候不經意的玩笑，可以讓我們靈光一閃，開啟全新的想法。這種時候，玩笑的意義就不只是間隙而已，而是通往「不同層次的真實」的道路。總之，遊戲含括了價值極低與價值極高的事物，經常顛覆我們既定的想法，讓我們看到兩者其實是相通的。所以無論如何，固執於常識是無法真正認識遊戲的價值的。

若是依照凱瓦的想法，遊戲和神聖世界的儀禮，位於距離最遙遠的兩端；但有趣的是——就像環狀結構模型所示——這兩者之間有著隱密的關聯。曾經有一位一切講求合理、效率，生活態度一絲不苟的青年研究者，為突然出現的強迫症症狀感到苦惱。每當要離開家門時，如果不再三確認爐火與電器是否關好，就無法出門。雖然自己也覺得很蠢，但就是忍不住要不斷地開燈、關燈好幾次，以確定燈是關上的。明知道這樣做既不合理又不符合效率原則，但就是無法停止，而且如果不這樣做，就會強烈不安。

這種強迫行為和儀式非常相像；行為本身並沒有意義，但就是無法不照原定的方式執行。雖然是和工作無關的多餘舉動，但是不做的話工作就沒辦

1　譯註：日文裡的「遊戲」和「機械的零件與零件之間的間隙」，都稱為「あそび（asobi）」。

法進行。以這個意義來說，它很像是一種「間隙」。由於這位青年一味偏頗地講求合理、效率，若是不做這些奇妙的行為——要說是儀式或間隙都可以——就無法守護他的自我，所以這些症狀對他的生存來說，是必要的事。儘管他本人否定宗教，但是他的症狀卻暗示了他潛在的宗教性。如果我們能夠以廣闊的視野來思考遊戲，這些發人深省的事實，都會一一浮現。

02 遊戲與宗教性

如前所述，遊戲出人意料地具有宗教性。舉例來說，讓我們來看看《古事記》[2]上卷，有關天若日子[3]之死的那一段敘述。書中記載，天若日子死去之後，他的父親、妻子等眾人聚首，搭建靈堂，「日八日夜八夜遊」。在那八天之間，他們連日連夜地載歌載舞，這很明顯是一種宗教儀式；目的可能

2 譯註：《古事記》是日本最早的史書。據其序記載，為太朝臣安萬侶於西元七一二年（和銅五年）編纂並獻予元明天皇。其內容為天地肇始至推古天皇時代間所發生之事（含神話與傳說），以紀傳體寫成。亦包含大量古代歌謠。

3 譯註：天若日子（又名天稚彥）是日本神話中的諸神之一。因耽溺於愛情放棄使命之罪而致死，是悲劇性、叛逆性之神，受日本民間喜愛。

是弔慰死者之靈，或者也有除穢避邪的意義。我認為在當時，「遊」這個動詞原本應該就含有宗教性的意義。

進入近代以後，雖然遊戲和聖與俗分離了，但隨著聖的存在日益薄弱，遊戲在我們沒有意識到的狀況下，逐漸具有宗教性的意義。由於人們很少意識到這一點，所以許多時候它以扭曲變形的形態出現。雖然本書的主題聚焦於青年期的現象與事實，但由於上述狀況（譯按：遊戲的宗教化）已經成為現代的時代傾向，具有相當的普遍性，因此也在此稍做討論。

青年期的宗教性

到底什麼是宗教性？筆者在這裡要探討的，不是作為個別教派的宗教，而是想思考人類與生俱來的，對於超越自己的存在所懷有的深刻敬畏之情。人必然會死，我們非常清楚這一點，但是要如何在自己的人生與世界觀裡，為「自己的死亡」尋找定位，並非易事。我們可以透過理性與知識來理解

「死亡」，但我們在活著的期間，沒有辦法經驗自己的死亡。儘管如此，死亡的存在卻不容忽視。對人類來說，如何將死亡融入自己的世界觀，是一件艱苦的任務，自古以來有許多宗教試圖解決這個問題，並因此發展出各式各樣的教義、儀禮與戒律。

進入近代以後，自然科學的知識急速發展，使許多人對宗教產生了懷疑，許多現有宗教的教義如果不另加詮釋，令人難以信服。要讓生活在現代的人相信天國或地獄的「真實存在」，變得非常困難，再加上近代的科學與技術對人類「如何生存」這一點，有出乎意料的貢獻，甚至讓我們誤以為只要照著現在這樣繼續發展下去，人類將可以永遠過著舒適與便利的生活。

青年期是人生中顯著成長、發展的時期。當人把重心放在「如何活」的時候，死亡的陰影會退到不顯眼的角落。這種狀況下的青年不太容易對宗教產生興趣；有時候宗教甚至會成為他譏嘲的對象。對他們來說，重要的是不斷學習新的知識與技能、鍛鍊身體，並且體驗世上數不盡的樂趣吧！這樣並沒有什麼不好，這是很好的事，但死亡縱使退隱，卻不會消失。當機會來臨，就會露出它的面孔。

人生有一些事是無可奈何的，其中最令我們束手無策的就是死亡。知道世上有一些事自己無計可施，是一個認識的起點，讓我們瞭解自己能力有限。以遊戲中的運動競技來說，雖然強大的一方常會獲勝，但勝負之中包含著不確定與偶然的因素，這一點誰也不能否認。不管是得勝或敗北的一方，如果在競賽中感覺到超越自己的力量，進而產生敬畏的意念，可以說已經和宗教性產生聯繫了。

偶爾，平常幾乎沒想過死亡議題的年輕人，也會突然意識到死亡的存在。有一位學生某天鐵青著臉衝進大學的學生諮商室。他坐也不是、站也不是，感到極度不安，因為一位他所尊敬的學者前輩突然過世了。在葬禮上，他並沒有像自己預期的那麼悲傷，還想著「原來不過如此」。然而不久後當他走在校園裡，發現雖然前輩已經死去，但不論是研究室、大學或是周圍的景色，都沒有任何改變。死亡是怎麼一回事？自己死了又會如何？這些問題突然湧上心頭，隨之而來的嚴重不安讓他無法承受。諮商師覺得，這位青年會想要思考如此根本的問題，在當今學生中是少有的，因此非常慎重地應對。通常諮商的間隔是一個星期，但由於青年的不安是如此強烈，諮商師和他約了三天後再次見面。

學生離開後，諮商師陷入長考。死亡對當事人來說，是極為重大的事件，但儘管如此，當它發生，平時圍繞在當事人四周的事物卻如常運轉，不會有任何改變。即使是對諮商師自己來說，這個問題也是太過巨大了，但是因為那位學生是如此認真，諮商師決定和他一起思考下去。三天後諮商師依約等他，但他並沒有出現，也沒有任何聯絡。

諮商師開始擔心。雖然那位學生應該不至於自殺，但很可能因為過於不安，而無法離開家門也說不定。大約一週後，諮商師經過球場，巧遇那位學生正和同伴們狀似愉快地打著球，學生快步跑向諮商師說：「上一次真的非常感謝您。因為老師那麼認真地聽我說話，我的心情也變得比較開朗，現在又充滿活力了呦！」看來他甚至連三天後面談的約定，都忘得一乾二淨了。

事情就這樣也很好，雖然有一剎那死亡的概念捕獲了青年的心，但是他對於「活著」的熱情，以及與夥伴相處的快樂，戰勝了死亡。或許，讓他不得不認真思考死亡的那一天，許久之後才會到來吧！

此外，遊戲之中所產生的種種「融合體驗」，也可以說和宗教性有關。不論是運動競技、音樂演奏或是舞台劇中，經常會產生人和人之間奇妙的一體感。舞台劇的演員和觀眾產生「一體感」的時候，常常可以發揮本人無法想像的卓越演技。還有，像在團體的體育競賽中，隊友之間就算沒有做任何手勢或暗號，心意也可以互通，形成不可思議的默契。不管是哪一種情況，與其說是一般狀態下自己的作為，更像是被某種他者所驅動的結果。

在這種時候感覺到的「他者」，如果以絕對他者「神」之名稱之，就成為某種宗教了。產生在運動競技等遊戲中的這種感覺，雖然和既有的宗教沒有關係，但就像我們前面所說，它和人類的宗教性是有所關聯的。「遊戲」一旦和這樣的體驗結合，魅力就變得非常大，無法簡單地戒絕。

遊戲與死亡

為了獲得深度的融合體驗，遊戲也必須經過訓練。運動競技也好、藝術也好，都必須經過相當的修煉，才能夠產生這樣的體驗。不過確實也有一些方法，可以讓我們避開訓練的辛苦，又能夠得到深度的融合體驗。集體吸食強力膠——如果也可以算是「遊戲」的一種——就是一個例子。如果以集體的方式吸食強力膠，有時候團體的成員會共享同一個幻覺，這雖然聽起來難以置信，但真的會發生。曾經有一個不良少年的團體，在集體吸食強力膠之後，全體成員都看到觀音菩薩的幻象，因而得到心靈的慰藉。這可以說是直接和宗教性產生了關聯。但是，這個「遊戲」繼續玩下去，代價就是對腦部造成傷害。應該說，這世上沒有不勞而獲的事吧！

即使如此，為什麼人甘願冒這麼嚴重的危險，也要追求融合體驗？每一個人都是不同的存在，出生的時候、死去的時候，都是單獨一個人。而我們和他人之間的一體感，可以填補「人」本有的孤獨。但這兩者之間必須維持適當的平衡，過度傾向一體感，「個人」的存在感將會消失；太過孤立，則又有難以忍受的寂寞感。每一個人、每一種文化，都有保持這種平衡的特有方法。當年輕人無法忍受孤獨的時候——也就是說，孤獨的程度太過強烈，或是沒有足以承受孤獨的韌性時，對一體感的冀求會急遽地升高，而變得不擇手段——而且，在那背後往往可以看見死亡的陰影蠢蠢欲動。因為，如果說人的死亡是回歸自然，那麼死亡也可以說是最高境界的融合體驗。

有一些遊戲可以說是「毀滅型」的。比方賭注很大的麻將；輸的時候，明知道繼續玩下去會背負龐大債務，卻停不下來。此外有很多體育活動都帶有生命危險，為了防止意外，人們竭力構思各種防護措施。但是有一些年輕人卻簡直刻意尋死一般，無視這些防護措施。雖然不能說這個人有明確的自殺意圖，但我們忍不住會想，他確實受到了死神的誘惑。

遊戲背後之所以暗藏著死亡力量，我認為其主因之一是在近代以後，我們失去了成年禮的儀式。我經常在其他場合談這一點，因此在這裡只作簡單說明。非近代社會有成年禮的制度，透過該社會信仰的宗教儀式，孩子們得以成為大人。然而近代以來，人們重視社會「進步」的概念，成年禮失去了它原來的意義。這也是無可奈何的事。

我們這些以深層心理學為專業的人認為，雖然讓孩子們集體成長為大人的方法——過去曾是社會結構的一部分——如今已經消失，但個人內在的成年禮，卻正發生在每個人身上，而且是必要的。從孩子變為大人，是足以動搖個體存在的重大變化，與宗教性（就我們在先前討論中所使用的意義來說）有極深的關聯。然而因為近代以後「聖」逐漸世俗化，能夠在保有成年禮原有的重要性與意義的狀況下，舉行成年禮的神聖場所，幾乎都已消失。這樣一來，剩下的方法，就只有遊戲了。人生中最重要的成年禮，如今就發生在遊戲的場合中。

成年禮的核心，是「死與重生」的象徵性體驗。孩子死去，再重生為大人。青年們必須在某種意義下體驗死亡，而事實上他們也感受到死亡的吸引力，這就是為什麼青年們會受具有死亡性的遊戲所吸引的原因之一。或者就像凱盧瓦所指出的，遊戲的要素之一「暈眩」，也會被當成一種擬死體驗；

因此具有暈眩要素的遊戲，同時也具有吸引力。

當然，所謂「死與重生」終究只是象徵性的體驗，如果一步踏錯，真的死了，留下來的就只剩遺憾。時下有一些青年因為飆車、吸食強力膠而失去生命，這樣的現象，可以看作是因為我們沒有能力適切地舉行成年禮儀式，以至於它採取了扭曲的形態顯現。此外，那些被年輕人視為「英雄」，卻因毀滅式的生活型態而最終走向死亡的藝人、作家，也可以看作是年輕人們的精神代表，讓他們間接經歷死亡的體驗。

因遊戲而死，是極為愚蠢的。話雖如此，與死亡相關的遊戲，卻充滿魅力。因此職業運動比賽的觀眾，在為自己喜愛的選手、隊伍加油時，經常使用極度激烈的語言；一方面體驗某種和運動選手合為一體的感覺，一方面也享受接近殺人與被殺的樂趣。此外，他們在參加運動競技，或其他有勝負之分的遊戲時，也常在過程中使用「殺戮」或「死亡」這類戰爭用語。即使在不是那麼極端的情況，透過在某些部分激起人對死亡的聯想，也能夠使遊戲變得熱烈。

03 遊戲與教育

或許會有讀者質疑，遊戲與教育有什麼關係呢？由於日本現代教育處於非常困難的處境，使我們不得不開闢這樣一個章節，從這個角度來思考遊戲。不過，我們所面對的與其說是教育問題，還不如說是日本現代的問題，只是它從很早以前，就在教育領域中顯露出來。因此我們必須思考的不只是教育該如何進行，更應該從整體著眼，來審視日本人的生存方式與生活態度。

許多人說，日本是一個重視教育的國家。的確，日本的大學升學率在世界上名列前茅，在各國學童的學力評比中，也得到很高的評價。但是大家可以想想看，從小學到大學，學了那麼多各式各樣的東西，其中有多少能夠對自己實際的生存、生活有所幫助？撇開從事專業工作的人不談，所謂的學校教育，很少教導我們，人實際生存所需要的事物。

青年們在學習些什麼？

為了生存，人需要各式各樣的知識與技術。在出生後，我們一點一點、持續地學習這些知識與技術，最後成為「成熟的人」進入社會。然而，這樣簡單的模式在現代卻行不通。曾經有一位一流企業的課長，為了新進員工的事來找我商量。那位員工出身一流大學、優秀而認真，課長原本對他相當期待，結果被他的無能嚇得目瞪口呆。高中畢業的女性員工看不起他，對他頤指氣使；他雖然言聽計從，卻不斷犯錯。令人不禁懷疑「他真的是從那著名大學畢業的嗎」。我和這位當事人見了面，聽完他的陳述，才了解其中緣由。他在「經濟學」方面有相當豐富的知識，但是那種東西並不是一進公司就能派上用場的。在職場工作，首先最基本的就是人際關係，而他在這方面完全無知。

到了一個新的職場，發現不懂的事情，應該用什麼樣的方式，向什麼人求教？他不知道。說得極端一點，他連好好打個招呼都不會，不曉得人與人之間應該保持什麼樣的距離，和同事格格不入，也不知道怎麼和人閒聊。像這樣舉例出來就不難明白，這些在公司裡都是很重要的事，但在「學校教育」裡卻沒有人教導。他所擁有的豐富知識，和實際生活搭不上關係。

過去我們在家庭教育、同儕的人際關係中——也就是孩子們的遊戲中——學習這些事情。特別是因為從前孩子的團體，由年齡參差不齊的孩子們集合而成，有許多事情是年長的孩子由上而下傳遞的。但是現在，教育一面倒地只教導考試所需的知識。此外，也不只是教育制度或考試制度的問題，真正的問題在更根本的地方。以整體來說，日本人非常執著於「排序」，不論大學或企業都要排名次，只要把孩子往排名高的地方送，就覺得是幸福的；這樣的態度強化了教育的偏頗。關於這些事情，我曾經多次在其他場合討論，這裡就不再贅述。總而言之，我們的「教育」把重點放在知識的吸收，用許多時間讀書，目的卻只是為了進入好大學，但教育的另一個意義——培育成熟、有擔當的人——早就被忘得一乾二淨。

大人們的自信喪失，更為這個傾向推波助瀾。大戰結束後第一個發生的現象，就是人們失去了自信。接下來，「民主主義」成為不容質疑的神聖價值，但是在日本人對民主主義的理解中，權威的意義受到否定，再加上社會變化過於快速，使得大人們失去教導孩子的自信。這個情況在親子之間特別明顯，於是造成許多青年從大學畢業的時候，雖然在「學問」方面擁有豐富的知識，卻幾乎沒有任何生存與生活的智慧。他們被迫在毫無準備的狀況下，馬上就要開始扮演成熟大人的角色。

我向一些大學生敍述上文提到的那位新進員工的故事，他們的反應是「那個人在大學裡沒有參加任何社團，對吧？」、「為了進入現實社會所需要的知識，我們都是在社團裡學到的呦！」等等。有某位女學生告訴我，她在家裡什麼也不用做，只要讀書就好，後來順利升上一流大學，父母也非常高興。但是進了大學以後她開始想，自己這個樣子將來有辦法出社會嗎？幸好她參加了社團，在社團裡一件接著一件——比方集訓的時候學會煮飯——學習到許多重要的事情。聽了她的話，我強烈地感受到社團的意義——社團可以彌補日本教育單方面、偏頗的缺陷。但同時我也覺得，關於社團的形式與樣貌，我們有必要進一步深入思考。

作為一種教育單位的社團

不管哪一所大學，都有許多社團。雖然也有一些同好會性質的社團，可能和我們即將討論的性質不同，但暫且讓我們將所有社團概括起來思考。如前所述，大學社團在補足日本教育的偏頗與家庭教育的喪失方面，扮演了重要的角色。最近青少年團體的成員以同年齡居多，像過去那種包含各種年齡孩童一起遊戲的團體很少。但是，大學的社團成員從一年級生到四年級生都有，新進的社員可以從學長或學姊那裡學習到很多事情。

但這裡有一個非常大的問題，那就是絕大多數的大學社團，都是日本式的團體，而且大部分這種傾向都非常強烈。這裡所說的「日本式的」，以筆者常用的表達方式來說，就是「母性原則」居支配性地位的意思。在日本式的團體中，最重要的是容納、包含全體，使其成為單一的單位；為了團體的目的，團體中個別成員的個性有時候會遭到忽視，甚至破壞。而且母性團體還有一個特徵，就是「長幼有序」。換句話說，相對於後加入的成員，先加入的成員擁有絕對的優先地位。照理說，母性團體否定個人差異，原本應該是全員平等的；但如果真的要排序，因為不認同個人能力的差異，只好用資歷的深淺，從最早加入的開始往下排，因此「學長姊」的地位絕對在「學弟妹」之上。因為排序的標準是入團先後，所以即使後加入的較為年長，或是能力比較強，這些因素也都不在考慮範圍內。

雖然不論運動或文化類的社團，都有這種共通傾向，但前者的情況要強烈許多。因為「學長姊」有絕對的權力，青年們的確可以在社團中學習到人際關係與日常生活的許多事情——這些原本應該屬於家庭教育的內容——這雖然是一件好事，但也有它的缺點：有時候他們會不加思索地承襲學長姊扭曲的價值觀與人生觀。一些前來諮商的學生們，因為相信了極端陳腐的價值觀而痛苦不堪；我問他們到底是從哪裡學到這樣的價值觀，回答「在社團裡」的人出乎意料地占大多數。現代的孩子們總想要早一點自立，對於父母親說的話不是反抗、就是無視，結果卻在不知不覺中，在社團裡找到奇怪的父母親替代品。

母性團體還有另一個特徵，就是強調全體的一體感，個人的生活、意志很容易受到忽視。當然，我們不需要評斷父性原則、母性原則哪一個正確、哪一個不好；如何在這兩者的平衡之中，讓自己生存下去，才是重要的課題。然而，如果一個團體的風氣過度偏向母性原則優先，個人的存在必然會受到忽視。

麻煩的是，如果團體的成員都有同一的傾向，這個方向會得到「正確」、「值得尊敬」的倫理評價，而反對這個傾向的人，就成為惡人。這種時候如果團體內的「搗蛋鬼」[4]足夠頑強、活躍，或許可以促使其他成員反省

4　譯註：原文是「トリックスター」（trickster，英文原意是騙子或魔術師），民俗學、宗教學、神話研究中的一個概念，指的是神話、傳說、民間故事中的一種人物類型，可以是男性、女性、神、精靈、擬人化的動物或物品等等。他們同時具有善與惡、智與愚、創造與破壞等兩種相反的性格，通常極為聰明，或是擁有神祕的知識，並且經常運用自己的聰明才智破壞神或自然界的秩序。

這種一面倒的傾向，讓團體產生改變；但如果「搗蛋鬼」的力量太弱，就只會成為「強化團體一體感」這個目標下的犧牲者。

將所有這樣的因素納入考量，團體內的爭執、衝突等，可以看作是一種生存「教育」的場所。這樣想的話，那麼社團內有某種程度的衝突與糾紛，反而是一件好事。戲劇或音樂的團體，有時候因為激烈的爭吵，甚至到了在公演前一天考慮取消演出的地步。最後總算克服困難、順利演出成功，那時團員共同的感動是無比巨大的——應該不少人有過這樣的經驗吧！團體中死與重生的體驗。

團體內每個人的個性都能發揮、施展，同時又能夠體會一體感的好處——想要組成這樣的團體是相當困難的。但我認為，已經到了現代青年們為改變傳統而付出努力的時候了。最近在體育界也出現了「自由伸展的棒球」這樣的標語，正一點一點地打破過去只強調一體感的傾向，這是相當令人高興的事。此外，年輕人的興趣逐漸從棒球轉移到足球，也反映了這個面向。以競技方式本身的特性來說，棒球可以要求選手全面聽從教練詳細的指示，但是在足球比賽中，因為選手個人臨場當下的判斷非常重要，所以必須讓選手充分發展、發揮他們的個性。筆者認為，最近盛行的足球熱，說不定可以成為一股力量，改變以母性原則為優先的日本體育界。不過，我們還需要持續觀察它未來的發展。

遊戲的指導者

遊戲的指導者，也有年紀相當大的人。大學運動社團的教練，從青年到老年人都有。不少國、高中或是小學體育社團的指導者，由青年擔任。考慮到這些情況，我想簡單扼要地討論一下遊戲指導者的問題。就算不是擔任教練，就像前面所說，學長、學姊也會指導學弟妹。青年經常在遊戲中，扮演某種指導者的角色。

已經是相當久以前的事了，曾經有美國友人參觀日本中學棒球隊的練習之後，這樣跟我說：「我們小時候很享受打棒球的樂趣；但在日本，打球的目的好像是為了受苦。」接著他又說：「打得那麼痛苦，反而強不起來吧！」我無言以對。這並不表示外國的運動競技沒有嚴格的訓練，只要是認真從事體育活動，無論如何都需要刻苦的練習。但是，日本「刻苦」的方式和其他國家比起來，有著根本上的不同。

這個不同，來自日本「修行」的概念。我們已經討論過遊戲與宗教的關聯。在日本有很多遊戲，觀念上被提高為某種「道」，開始具有宗教性的色彩。簡單地說，歐美對於運動競技或藝術技能，主要的重點放在形塑具備該項技術的強大自我；他們思考的是如何鍛鍊才可以形成強大的自我，盡可能讓自我自由伸展其可能性。相反地，日本的「道」重視的反而是離棄這樣的自我，追求意識在脱離自我之後，所領悟到的東西。因此日本的「道」可以通向宗教性的修行。但是我們不得不說，在技術的學習方面，西洋的方式有它的長處。只要看看那些經過艱苦的修行式訓練，理應具有強韌精神力的日本選手，在奧運等體育競賽中完全無法發揮自己的實力，就可以明白這一點。日本人的精神力在忍受痛苦方面或許很有效果，但是在需要充分發揮自己實力的場合，卻沒有什麼幫助。

我並沒有主張「日本的修行不好」的意思，作為一種宗教行為，只要是在明確的意圖下進行——當然，宗教的修行還有很多可能的方式——本身就具有它的意義。但是問題在於，擔任指導者的人在既沒有經驗，又缺乏相關知識的情況下，未經批判、反省，就將宗教式的修行引用為練習方法。在體育競技的場合，像美國友人所說的那樣，讓選手盡情發揮可能性，遠比用「類修行」來吃苦來得有趣，也更有效果。當然，輕易、廉價的樂趣無法持久，要品嚐深刻、深度的樂趣，必定要經過吃苦的過程。但是以樂趣為核心價值而吃苦，和為了吃苦而吃苦，有很大的不同。更何況以技術修煉的目的來說，前者的成果遠較後者宏大。

雖然這些事情其實很容易看清楚，但日本式的指導法卻一直無法改變，因為這個方法能夠讓指導者輕鬆地保有穩固的地位。如果是西洋的方式，指導者為了引導弟子發現自己的能力，必須費許多苦心，下很多工夫。而且如果練習沒有效果，指導者也必須負相當的責任。相反地，如果是日本式的指導者，只要經常把「你們要更加努力」、「你們對自己不夠嚴格」掛在嘴邊就夠了。比賽贏了都是吃苦的成果，指導者受到感謝；輸的時候只要說「這是因為你們吃的苦還不夠」就可以免除責任。換句話說，指導者一直是高高在上，地位安全又穩固。

由於這樣的做法輕鬆，指導者很容易變成「日本式的」。而且因為選手們都已經那麼刻苦練習過了，就算輸了或是失敗，向別人辯解起來也比較容易。因此，最簡單的做法就是繼續艱苦的練習。不過最近開始有人反省這樣的情況，也出現了像先前所說，類似「自由伸展的棒球」的想法。但這樣一來，卻又有一些教練，完全顛覆從前，放任選手照自己喜歡的方式做。他們說，因為玩得很開心，所以輸了也沒關係。這是胡扯。這種所謂的完全顛覆，本質上並沒有造成什麼改變。

如果真的要幫助選手發展他們的能力，真的要發掘樂趣的深度，只有放任是不行的。指導者必須敦促選手進行必要的學習與鍛鍊，選手們也要竭盡自己的心力思考，找尋好的方法。這兩者互相衝擊，才會有真正的新發現與創造。在這樣的人際關係下，指導者能夠品嚐到身為指導者的喜悅，而接受指導的一方，也會覺得努力與辛苦都是值得的。我覺得最近日本的體育界，也開始認識到這種理想關係的價值。

04 遊戲的成就

遊戲既然是遊戲，要做什麼都是個人的自由。話雖如此，不同的遊戲方式會帶來不同的滿足感與成就感，也是不可否認的。就算純粹為了休閒玩樂而出門，有時候也會覺得浪費時間生命，徒增疲勞。因此即使是遊戲，要做什麼、該怎麼做，也需要費心思考。

遊戲的工作化

要玩什麼？該怎麼玩？很奇妙的，這種事如果考慮過頭，會讓遊戲變得像是某種「工作」。就算是到山上或海邊遊玩，如果太**講求效率**，想要在最短時間內享受最多樂趣，行程就會塞得滿滿的，同行的成員也會逐漸焦躁不安，感覺好像是為了讓自己疲累而出遊一樣。或者是一切仰賴旅行業者，依照他們的規劃遊玩，結果感覺自己好像是在幫他們完成「工作」一樣。遊玩也變成一件怪裡怪氣的事——這個世界不知道什麼時候，已經變成這個樣子了。

關於遊戲的工作化，在我們這個時代不能不思考一個現象，就是從遊戲衍生出來許許多多的職業。藝術、演藝、體育競技等等，雖然對某些人來說是輕鬆的消遣，但也有人把它們當作職業，而且這樣的人越來越多。同時，透過這些職業得到的收入也很高。普通年輕人再怎麼努力也得不到的金額，以這些遊戲為業的人可以簡單入手。其中有些人（而且是年輕人）一年的收入，一般人竭盡一生也賺不到那麼多。

除了收入的差異，他們活躍的身影也經由電視、報紙、雜誌等媒體，而變得家喻戶曉。也就是說，他們成了時代的英雄。從前的英雄大多與戰爭有關，但是今天的英雄卻以遊戲為業。這是值得高興的事。畢竟和平是一件好事。

成為（或是被塑造成）英雄或女傑的人，擔負著青年的夢想。這已經不再是遊戲了，而是一份辛苦的工作。正如先前所述，現代有很多人失去了通往「聖」的道路，於是宗教性進入遊戲的世界，在潛意識中活躍。因此人們對體育界的英雄表現出宗教式的狂熱，以敬畏神的態度崇拜藝術界的英雄。

這種時候，如果這些英雄或女傑，讓自己與人們投射在其身上的形象合為一體，一時間雙方（英雄與崇拜者）都會體驗到一種其他經驗難以比擬的感受。說得極端一點，那幾乎像是神的顯靈。但畢竟人就是人，在「類神」的體驗之後，經常有悲劇發生。或者英雄暴露出人類的樣貌，一夕之間被群眾捨棄；或者英雄無法承受自己所背負的形象重量，因而崩潰。這樣的情形導致自殺的悲劇，也不是不可能的；只要想想《甘露》裡的真由就會明白。從事這種「工作」的人，一方面要按照周圍所期待的形象「活」著，並且公開展示自己的生活，另一方面又必須意識到自己——終究只是個人——的極限而生存下去。這是非常不容易的一件事。

講到擔負青年的夢，有些人從人生很早的階段，就努力要成為這樣的英雄或女傑。的確，如果成功了，等待他們的是燦爛華麗的生活。但是和普通的上班族比較起來，「以遊戲為業的人」如果在成為英雄的路途上失敗了，挫折感是非常大的。此外，一旦邁向英雄的路斷絕了，想要找尋人生的第二條路就會極為困難。

我曾經接觸很多受過這種挫折的個案。以體育競技為例吧。在運動員的道路上想要出類拔萃，需要非常大量的練習，幾乎不可能從事任何運動以外的事情。有的人因為才能受到周圍的人認同——換句話說，曾經歷過地方英雄的角色——而不斷擴大他的夢想，但是在最後碰撞到自己的極限，確知無法成為職業運動員。但因為沒有任何其他的技能或知識，他們想要轉行比一般人加倍困難，這種時候常常會自暴自棄或罹患憂鬱症，甚至自殺。

在體育的世界中，前輩與晚輩的聯繫非常緊密。特別是因為大家都知道，所有運動員總有一天會碰到年齡限制；為了避免上述的悲劇發生，體育界有相當強大的組織，提供運動員退休後的照顧（不過，這些團體通常是極端日本式的，有時候團體內的人際關係也會令人窒息）。

藝術、演藝圈的環境中，人際關係不像體育界那麼深厚，與企業的關係也比體育界淡薄，這類挫折所造成的悲劇更為嚴重。青年期是才能開花的時期，雖然順勢在心中描繪遠大的夢想，是一件自然的事，但是榮耀的光芒越是燦爛奪目，形成的陰影也就越黑暗。年輕人在決定人生要走的路時，應該仔細地思考其中黑暗的部分。有時候讓遊戲就只是遊戲，一輩子享受它的樂趣，比起把遊戲當成工作，更容易觸及它的本質。這是我的想法。

自我表達的場所

如同凱瓦所言，遊戲是自由度很高的行為。雖然一旦把它當作「工作」，這個說法就行不通，但如果是隨興地遊玩，的確是相當自由的。仔細想想，人的行為——特別是處於現代社會中——其實受到諸般限制。比方上下班的時間；要穿什麼衣服雖然說是自由的，但我們不得不承認其實也有相當的限制。日常會話中，有很多話再怎麼想講也不能說出口。習慣了這些限制以後，平常我們並不會意識到它們的存在，但一旦開始覺得束縛，就會變得無法忍受，感覺自己好像被五花大綁，一動也不能動。這種時候，遊戲可以給人解放感，讓我們重新恢復活力，氣象一新。

某些時候，遊戲對人來說具有更深的意義。我們這些心理治療師，在為兒童進行遊戲治療時對這一點感受特別深。雖說是遊戲「治療」，其實並不需要做什麼特別的事。治療者只是事先決定時間與地點，盡可能尊重孩子的自主性，讓他們玩耍。這樣一來，孩子會在遊戲之中表達出攻擊性、憤怒、哀傷等情感，自己逐漸得到平復。因為孩童不是本書的主題，我們不再繼續多談；但是孩子們經由遊戲表達內心深處的情感，靠著自己的力量治癒自己，這是令人印象深刻的事實。

深度的自我表達可以通向療癒，這對大人來說也是如此。其中以極度洗練的形式表現出來的，就是藝術作品。許多人透過藝術得到慰藉，運動競技的場合也是一樣，當自我得到充分表達時，當事者往往得以痊癒。對某些人來說，在適當的時機下，柏青哥之類的活動也可以有相同的效果。

這樣的表現活動即使不是由自己進行，只是旁觀他人的表現，有時候也會產生治療的作用。常常有前來尋求我幫助的人，告訴我他們看到著名運動選手的表現後不藥而癒的經驗。運動員那種幾乎可以稱為完美的姿態，對我們述說許多言語無法表達的事物，療癒就從中而生。聽了這樣的話我不禁覺得，那些著名的運動員，說不定比專門從事心理治療的我，治癒了更多的人呢！

不只是傑出的技能，也有人因為看到著名運動員的挫折體驗及其面對挫折的態度，而得到療癒。再怎麼偉大的選手，也會發生意想不到的失敗；有些事除了說是命運的捉弄，不知道該怎麼解釋。這種時候，選手積極接受事實、承認失敗而離去的身影，背後所傳達的訊息對那些內心受傷的人們本身就是一種治療。就算是失敗，在失敗之中也包含著唯有那位選手才能達到的成就感，並傳達到人們的心中。人的生命本身，以各式各樣的形態衡量著我們「工作」的成就，其中勝負成敗的評價，應該是屬於比較淺的層次吧！

上文我們談論的是藝術與運動競技等形式精緻的遊戲。如果談到親自從事的活動，像漫無目的的散步、旅行、和三五好友喝酒聊天等等，這種接近日常生活的遊玩，有時候也會有它獨特的治療效果。遊戲所具有的高度自由，可以讓我們在日常世界中，不經意地經驗到非日常世界的顯現。明明是走慣了的散步途徑，卻不經意地發現牆角綻開的花，忍不住佇足良久。看到前一刻一直埋沒在日常世界中的小小花朵，突然展現出它的生命力，讓我們再次感受到它的存在。

從日復一日、一成不變的生活中，巧妙地提取非日常性並將它表現出來，也是一種自我的表達。即使無意傳達自己的感情或思想，但是透過意識層次的變化，也會產生某種自我與他者的融合。日本人相當擅長將這種遊戲的精神，化為藝術形態，俳句就是其中的傑作。不過我們當然沒必要勉強自己去吟詠俳句。即使是在乍看之下不值一提的遊戲背後，也躍動著俳句的精神，具有治療的功能；我們應該做的，就是將它辨認出來。

我們說遊戲是自由的，那為什麼會有規則呢？所有的運動競技都有規則。如果要說藝術是自由的，的確是相當自由；但即使是通俗的詩歌，也有相當多必須遵守的規定。那是因為一個弔詭的事實——人無法承受無限制的自由；如果沒有規則，人無法感受到「自由」。話雖如此，並不是規則越繁複越好。巧妙地掌握自由度，讓遊戲所具有的性格與之相互作用，從中制定規則，最能夠呈現遊戲的趣味。沒有限制、懶散隨便的遊戲，不會帶來療癒。

半玩半認真

遊戲可以有許多面貌，有時候我們覺得它純粹就是玩樂，有時候它突然帶有工作的性質，有時候甚至成為我們走向神聖空間的通道。從前，曾經有人用突擊隊來比喻——在戰爭正激烈的時候，突擊隊突然不知道從哪裡冒出來，有效地發揮戰鬥力。突擊隊無法嚴密地編入整體戰略之中，能在必要的時候、必要的地方自由地出現，是它重要的任務。這樣想的話，或許我們可以讓遊戲扮演人生的**突擊隊**角色。

一般來說，上班時間是事先決定好的，即使想要打網球，上班時間內是不可能的。於是我們訂定計畫，下午五點以後再打，或者假日再打。休閒旅遊當然也是如此。若是想要出去玩一個禮拜，很早以前就得要開始調整工作，否則只好感歎「想要去旅行，但沒有時間」。於是為了出去玩一個禮拜，有一個月的時間必須做比別人多的工作。現代的特徵之一就是，不管是什麼行為，都必須有計劃地進行。這樣的情形發展得太過火的話，遊戲也會被納入管理體制之中，變得一點也不好玩。

有一個方法或許可以避免這種情況，就是不論儀禮、工作或遊戲，都只要放一半的認真進去就好。所謂「半玩半認真」原本並不是一句好話，但既然本被看輕的「遊戲」已經充分受到肯定，對於「半玩半認真」我們也可以重新給予評價吧！

從前在學生運動興盛的時期，大學裡學生的行動勢如破竹，教師陣營感覺似乎難以招架、節節敗退。不知道是幸還是不幸，衝突最激烈的時候，我還沒有到京都大學服務。我到任的時候是一九七二年，衝突的最高峰已經過去了，但還有許多問題需要解決。學生和教師之間的談判——學生們稱之為「團交」——還在繼續進行。不知道為什麼我被分派到專門和學生交涉的職務，而且持續了相當久的時間。當時我用「半玩半認真」的態度面對，現在回想起來，說不定是件好事。

觀察之後，我發現從事學生運動的人，大致上可以分為兩類。有的人把運動當作「工作」，有的人則是抱著「遊戲」的態度參與。或許是物以類聚吧！他們分成不同的團體，各自行動。不過由於我的態度半玩半認真，對他們來說是個很難應付的對手。對於遊戲的那一組人，我也在遊戲的層次上和他們互動，可是一旦我突然認真起來，把談判當成工作，他們就因為不夠認真而敗下陣來。接著是工作組的學生。我很嚴肅地面對他們，悲哀的是我的對手沒有從容不迫的餘裕，換句話說，他們沒有「彈性空間」（アソビ），一受到刺激就不知所措。因此，我在享受「團交」樂趣的同時，解決了許多問題。

我擅長「團交」一事，似乎在校內廣受好評。有一次喝了酒，我說了「團交的真髓，就在半玩半認真」這樣的話。這句話傳到某個系所的教授耳裡，他決定也要照著做，結果卻非常淒慘。遊戲組的學生把他不夠徹底的嚴肅視為弱點，工作組的學生則嚴厲譴責他態度不莊重，他在談判桌上輸得一敗塗地。這位老師因而被批評為「半吊子，不值得信賴」。

傳聞不能當真，這件事情應該是真假各半吧。但這個故事的重點是，這位老師把「半玩半認真」誤解為「事情做一半」。「半玩半認真」如果沒有傾全力去做是不行的。其實這是相當困難的一件事，需要足夠的修煉。

仔細想想，如果沒有累積相當歲月的人生經驗，半玩半認真的態度是不會有任何效用的。所以，或許上述這些想法並不適用於青年期。青春終究是應該「玩的時候盡全力玩，工作的時候盡全力工作」吧！一開始就要他們以半玩半認真為目標，未免太過困難了。

原本這一段文字就是半玩半認真寫下來的，或許讀者們也不要過於嚴肅看待比較好。

第五章

青春的別離

不論春天多麼美好，也不可能永遠持續下去，總有一天會變成夏天。即使伴隨著別離的悲傷與痛苦，人也必須告別青春前行。但是如果我們把注意力放在因為別離所獲得的嶄新事物，那麼別離也可以是一件值得高興的事。不論如何，沒有經歷過別離，是無法長大成人的。只不過該如何分手，則因人而異。

大部分情況下，人總是在某個團體中經歷他的青春，或者也可以說，是和夥伴們一起體驗青春。當時機到來，不得不和同伴們分道揚鑣，同時感受到青春的結束。當然，有時候同伴之間在形式上仍然像過去一樣共同生活，卻已經在內心裡體會到強烈的離愁；也有些時候關係仍然存在，性質卻已經改變了。我們也可以看到，有些人因為無法承受這種離別的痛苦，一直無法長大成人。

就像我們先前所說的，近代以前的社會，孩子透過成年禮瞬間成為大人；但是在現在的時代，已經沒有這種事了。因此，其實我們沒有辦法斷言「青春在這裡結束，再也不會回來」。我們已經來到一個「所有的事物都失去界線」的時代。所以就算一個人經歷了一或兩次的別離，我們也很難確定他已經長大；就算已經成為大人，也不能斷定從此和青春無緣。要是對這種微妙的狀態沒有清楚的認識，我們將會把難得的大好人生，糟蹋成單調、漫無目標、不著邊際的東西。就讓我們思考別離在青春之中的種種樣貌，作為本書的最終章。

01 畢業

學校有所謂畢業典禮這種儀式，即使國外和日本比起來沒那麼多「典禮」，很多國家的畢業典禮也辦得盛大又熱鬧。美國有很多地方稱呼畢業典禮為「commencement」，我想大家都知道，那是「開始」的意思。可能因為美國有很多大學，入學比較容易，所以他們想把畢業典禮當作成年禮來舉行。可惜的是，畢業典禮已經成為一種制度，不太能讓畢業生體驗到非近代社會中孩子們透過成年禮所體驗到的，個體存在上的重大變革。因此真正的畢業，只能靠每個人透過各自的體驗去完成。這是現代所面對的困難，也是它有趣的地方。

家人

青年非脫離原生家庭不可。離開過去一直養育自己、保護自己的原生家庭，是一件令人害怕的事。但是當獨立的欲望不斷高漲，不管是對是錯、喜歡不喜歡，他都想離開。動物脫離父母——同時也是父母離開子女——的場面非常令人動容，我想很多人都在電視上看過。本來喜歡孩子依賴、撒嬌的父母，當孩子到達一定的年齡，態度就會突然轉變，把靠過來的孩子推開，甚至咬牠們。孩子雖然又驚嚇又痛苦，但還是離開父母而去。大自然預先設定的這些行為，真的很了不起。

相對地，人類在干預自然、任憑自己喜好去支配自然的過程中，相當程度地破壞了自己內在的自然。因此，親子的分離與獨立，變得窒礙重重。這個情況引起眾多討論，我想大家都清楚。

但是我認為，現在這個時代還有一個更大的問題。「家」原本應該是一個人邁向人生旅程的出發點，但對於越來越多青年來說，這樣的「家」一開始就不存在。唯有在家庭裡體驗過必要的歸屬感，我們才能夠將它當作基地，離開它繼續前行。然而，當我們對歸屬感沒有足夠體驗的時候，因為沒有真正意義下的「家」，就會離開自己居住的家，到其他的地方尋找本來應該有的家庭體驗。於是無家可歸的流浪者是現代的一個大問題。有一些孩子，雖然有家庭、父母俱在，也有豐裕的物質生活，在心理上卻是「無家可歸」的。

心理上無家可歸的人，對「家庭」的冀求非常巨大。因為對「家庭」的夢想無限地膨脹，普通的人際關係無法讓他們滿足。只要稍微和旁人變得比較親近，關係就會立刻惡化。有時候需索無度，讓對方受不了；或者是捕捉對方非常細微的心情變化，覺得沒有受到重視（雖然不是毫無根據，但判斷的標準過於嚴苛），自己將關係斷絕。有的時候，他們會做出具有強烈破壞性的行為。

心理上無家可歸的人，如果沒有從內在克服這樣的問題，很容易就會參加一些極度強調歸屬感的團體，例如暴力幫派、吸毒集團，或是特定的宗教團體等等。無法屬於任何團體的時候，就會陷入不斷的自殺未遂、藥物依賴、鎮日徬徨無所事事等。

如果要討論無家可歸的問題，篇幅會變得很長，我們暫且打住。但嚴格說起來，其實所有人的內心，都有某種無家可歸的狀態。因此即使在「好」家庭中長大，一旦獨立的衝動變強，也會突然感覺自己是「無家可歸」的。但這樣的人並不會走上我們前面所說的那種危險道路，而會設法以自己的力量尋求獨立。

我們可以思考一下「家庭語言」這件事。一個家庭，會有一些只有這個家的成員才懂的語言。比方當有誰說了一句「那時候的那件事，實在太經典了」時，雖然沒頭沒尾，但他指的是什麼時候、哪件事情，只要是家裡的人都明白。而且「經典」這種形容法，所有家人都知道那是什麼感覺；有時候和外面的人所說的「經典」，意思是不太一樣的。小孩們都以為「家庭語言」是到哪裡都可以通用的，但他們遲早會發現外人並不了解這些話的意思。這時候孩子們會知道，他們也必須學會「外面」的語言。

有時候，有些青年會對家族語言產生強烈的厭惡感，而且努力要將外來語帶進家裡。他們其實是想要表示自己「可不是靠著家庭語言活著的」。在極端的情況下，他們會拒絕和家裡的人交談，或是乾脆搬到外面去住，完全不回家。

就算一度脫離家庭，當青年能夠獨立到某種程度，又會開始和家人接觸。但他不再是過去被包融在整體感中的一員，而是以獨立的人的身分，和家人來往。在這個意義下我們可以說，歐美人和家人間的交流比日本人來得親密深厚，那是因為他們能夠掙脫「桎梏」，彼此以自由人的身分來往的緣故。也可以說他們從家族中「畢業」，和家人形成了「校友」關係。話說回來，日本的情況剛好相反，校友、同學經常以彼此的關係「像家人一樣」感到自豪。而我認為在這些關係裡，每個人能以多少程度的獨立作為往來基礎，是很重要的。

奎爾普軍團

大江健三郎的《奎爾普軍團》（『キルプの軍団』岩波書店、一九八八年），描述一位剛進入青春期的年輕人，如何從家人的關係中「畢業」，並且讓我們感受到這個經驗的深度與意義。礙於篇幅限制，無法為各位介紹完整故事大綱，希望有興趣的讀者可以直接閱讀原著。在這裡我們只集中描述與「畢業」有關的部分。

主人翁「小王」是一位高中生，當他離開家人、呼吸過外面世界的空氣，再次回到家的時候，體驗到了他的「畢業」。這個故事的骨幹，其實是由許多層次構築而成的。首先是奎爾普。小王為了學習英文，跟著叔父「忠叔」唸狄更斯的《老古玩店》（Charles Dickens, *The Old Curiosity Shop*, 1841）；奎爾普是書中的重要角色。大江健三郎在書中大量引用狄更斯對奎爾普的描寫，其中有一段這樣寫著，「他的黑眼珠不停轉動，看起來精明又狡猾。幾天沒刮的鬍渣子又粗又硬，一根一根站在他的下顎和嘴唇四周。再加上他的臉色，絕對談不上清爽或健康。然而他的臉最讓人不舒服的，是那不懷好意的，嘲諷的笑容」。這個奎爾普帶給少女耐兒很大的威脅。耐兒是一位十四歲的少女，在狄更斯的書中「被描寫得天真稚弱，惹人憐愛」。

接下來小王經歷了不少事情，這些事情不知不覺中和《老古玩店》的故事重疊在一起。不僅如此，少女耐兒又和杜斯妥也夫斯基《被侮辱與被損害者》中的女性內莉疊合。情節往前推展的過程中，連《舊約聖經》裡亞伯拉罕和以撒的故事也出現了。那是小說整體中的一段小插曲。小王參加定向越野（orienteering）競賽，在動物園的獸欄下挖掘洞穴，差一點成為猛獸的大餐。就連這個段落的內容都與整個故事層層交疊，互相呼應。

這件事顯示，即使只是一個普通的青年，也背負著歷史。一個人就是歷史與文化的縮影，就算我們以為只是在做自己的事情，也和歷史與文化有關。

所以有時一些看起來明明是芝麻綠豆大的問題，解決起來卻相當費力，就是這個緣故。此外，有時我們在解決個人問題時，會意想不到地得到周遭的援助，也是因為如此。

忠叔雖然是負責暴力犯的刑警，卻也是會閱讀狄更斯的人。他偶然得知，一位他從前曾經保護過的女性——馬戲團的團員百惠，為了躲避暴力討債，和丈夫、孩子一起逃到東京近郊，住在山裡。後來他收到一張地圖，是定向越野用的東西，決定要小王協助他一起救出百惠。這是個危險的任務，因此他們必須對小王的父母保密。這讓小王很高興，他被叔父「當成大人」，充滿了幹勁。

青年要脫離家庭的時候，經常會出現忠叔這樣的人，一方面代替了父親的角色，一方面又成為青年離家的助力。甚至有時候他像是一種誘惑，從父母親的角度看來，覺得他既是幫助自己孩子成長的恩人，又像是引誘孩子走向危險、破壞家族整體感的壞傢伙。

小王人生的重要時刻來臨了。他「好幾次夢到同樣的夢」，夢裡有一個馬戲團的帳篷，裡頭縱橫交錯、密密麻麻地懸掛著鋼索，百惠站在上面。她就像「山口百惠」那樣美麗，上半身穿著馬戲團的襯衫，「下半身的樣子，完全就像賽璐珞（celluloid）做的邱比娃娃[1]（Kewpie）」。百惠正要走到鋼索的一半時，幾個黑幫的嘍囉從對面襲擊而來；小王穿著定向越野社團紅色的薄制服，爬上交叉成十字的鋼索，要前去搭救百惠。這時候他突然想起，自己雖然有跳繩的經驗，卻從來沒有練習過走鋼索。這就是他的夢。

這個夢具備了許多青年期夢境的特徵。為了從黑幫手中拯救美麗的女性百惠，小王必須走過人生的「鋼索」。但是「為什麼鋼索上的百惠小姐，有著賽璐珞邱比娃娃的下半身」。關於這一點，小王用晦澀的語言，想出了一個很難理解的解釋，「這恐怕是我這年齡的人類的一個樣本上，一種性的現象的反映吧」。那麼為什麼他夢到的不是真人的裸體，而是邱比娃娃的裸體？這和邱比娃娃這個有趣的存在有關。邱比娃娃是邱比特的變形，而邱比特則來自古希臘掌管愛慾的神厄洛斯[2]（Eros）。厄洛斯原本並不具有人的形體，對人來說是無法掌握、無法理解的神祇。

古代人很清楚厄洛斯的力量有多麼可怕，但是後來人類逐漸傲慢起來，開始覺得自己的力量可以控制所有事物，從那時候開始厄洛斯開始化為人的形體。他的形象不斷縮小，最後變成連保守的家庭都允許他裸體進入的邱比特。

小王必須救出由「百惠—耐兒—內莉」所象徵的柔弱清純少女，但在這個過程中無法避開性的問題。雖然此處我們很簡單地用「性」一個字來講這問題，但其實從邱比娃娃到厄洛斯，這問題涵蓋的範圍相當廣。我們必須知道，「性」不是個用尋常方法可以應付的對手。小王知道怎麼跳繩，卻沒有練習過「走鋼索」。青年在離開家庭的保護、走到外面世界時，將會遭遇從未想像過的困難，這一點他心裡必須有所準備。

1 譯註：邱比娃娃是美國插畫家羅絲·歐尼爾（Rose O'Neill）以愛神邱比特為靈感所設計的一個角色，發表於一九〇九年，後來風靡全世界，也成為許多玩偶創作家設計新玩偶的藍圖。

2 譯註：邱比特（Cupido）是羅馬神話中的愛神，一般認為相當於希臘神話中的厄洛斯。但是他們經過後代人不斷添加想像之後，形象有所不同。厄洛斯是個年輕的男子，邱比特則不斷縮小，最後變成一個長著翅膀的小孩。

話說回來，銜著百惠而來的黑幫又是些什麼人？那正是「奎爾普的軍團」，他們想要捕捉百惠。小王有足夠的力量和他們戰鬥嗎？此外小王也注意到一些奇妙的現象。其實他自己閱讀狄更斯的時候，對於書中的奎爾普，在某些部分產生了認同感，還有，奎爾普明明是一個人，為什麼在夢裡會變成一個軍團呢？

慢半拍的人

夢是奇妙的東西，所有在夢裡出現的人物，因為是出現在自己夢中，所以也可以看作是「自己」。（下半身是邱比娃娃的）百惠小姐、黑幫，當然還有夢裡出現的自己，全部都可以說是「小王」的一部分。小王想要拯救百惠，但是這個害怕「奎爾普軍團」且全身顫抖、柔弱清純的百惠小姐（又和耐兒與內莉重疊），也可以是指他自己。這樣想的話，百惠可以看作是他自己心中想一直保持小孩的部分，而奎爾普則正是「大人」的代表（特別是從百惠、耐兒的眼裡看來），呈現出典型的大人樣貌。於是奎爾普為什麼會以「軍團」的方式出現，也就不難理解，他們就像是一群想讓孩子變成大人的大人們。

所以，難道我們不能這麼看嗎？變成大人這件事，其實就像耐兒被奎爾普侵犯一樣，是純淨美麗的世界遭受玷污。奎爾普軍團是大人社會派遣來的……不！說什麼蠢話！所謂長大成人，應該是和奎爾普軍團戰鬥，讓百惠小姐成為自己的伴侶才對。如果是這樣，那麼小王一個人有能力和黑幫作戰嗎？他連「走鋼索」都沒有練習過，能夠在鋼索上和一群人戰鬥嗎？現實中有些青年，不就是在這種情況下失去生命的嗎？

很可惜，《奎爾普軍團》中許多有趣的情節，我們不得不全部略過。總之小王在營救百惠小姐的過程中，捲入極端份子的鬥爭，雖然沒有失去性命，但是已經充分體驗到離開家庭、踏入世界的恐怖，最後返回家裡時，還因為傷到腎臟臥病在床。很抱歉，沒有辦法為各位描述詳情，總之在經歷許多事件後，小王甚至還懷疑自己是不是「奎爾普軍團」的一員，為此驚恐不已。

因為發燒而困於夢魘時，小王有了這樣的經驗，他在惡夢中雙手合掌，手指張開約六十度，不停地向左右擺動。那是因為「我感覺自己是一艘馬達快艇，同時也是乘著快艇的人」、「我奮力操舵，迎著浪頭疾駛。我知道只要一個不小心，就會發生慘劇。這是一條難行的水路，到處佈滿了複雜的暗礁。要航向地獄？還是煉獄[3]？夢中的我正來到分歧點」。

這是一個了不起的夢。過去一直受到「家庭」這艘大船保護的小王，現在乘著自己變成的小艇，和這個世界的巨浪搏鬥。那的確是「一個不小心，就會發生慘劇」。在可怕的經驗中遍體鱗傷並再次回到家中的小王，是怎麼治癒自己的傷痕呢？他已經無法像過去那樣，由父母撫慰他的心。因為小王已經不是從前那個小孩子了。

救贖發生在意想不到之處，小王的哥哥曾就讀於特殊學校，很有作曲天分。家人想自費出版他的作品，希望為其中一首鋼琴曲填上歌詞，但是哥哥卻說「我不會寫詩」。因為想要填詞的樂曲標題是《畢業》，於是家人聚在一起聊天，回憶哥哥從特殊學校畢業時的點點滴滴。

小王也是一時興起，說了句「把剛剛講的事情整理成文章不就好了！」隨即一頭栽進填詞的工作裡。一直到凌晨兩點，他突然發現「自從生病之後，就沒有想過那件事。這麼久以來，像今天這樣熱衷於某件事情，這還是第一遭，自己也嚇了一跳」。然後詩就完成了。

「雖然全家人一起唱著我搭配哥哥的旋律所寫出來的歌詞，但它終究不是一首感覺很自然的歌。不過，當哥哥用精確的音高低聲歌唱時，一種澄澈清爽又混合著一點悲傷的心情，浮上了我的心頭。在那痛苦的夢裡，我為了要避開地獄、航向煉獄，把雙掌合成船舵的樣子拚命地擺動。我想要成為嶄新的人，改變過去的性格。而我發現，這首歌在情感上，和我想要改變的方

3 譯註：地獄的觀念在許多文化、許多宗教中都有。但「煉獄」（Purgatorium）則是天主教特有的一個觀念。犯下小罪的人死後不是上天堂、也不是下地獄，而是在煉獄受罰贖罪。等到他罪行已償，就可以上天堂。

向是相連的。」

小王在獨處的時候，試著自己一個人哼唱《畢業》。「我覺得哥哥已經用琴聲表達了一切，我只是用語言模仿他的音樂而已。而且為了這麼做，我一次又一次地重聽這首曲子；在那過程中，我覺得哥哥的音樂治癒了我」。

哥哥的音樂治癒了我——這是令人感動的一句話。於是隔天小王開始起身出門，醫院也跟他說，今後不需再擔心腎臟的問題。其實小王曾告訴家人，他不想去大學唸書，打算自己學習，但這時候他卻表明唸大學的意願，令父母親都非常高興。對小王來說，他不再需要如從前般反抗父母，我們不得不說，這樣一來小王真的從高中「畢業」了。

反抗父母、瞞著父母冒險、做一些可能會賠上性命的事之後，小王再次回到家裡。但這一次回家，他不再是受到家人細心呵護的小孩，而是具有自我判斷力的青年。當然，現代人已經無法藉著一次的成年禮就成為大人，下一次的成年禮，還會降臨在他身上。而我們不能忘記的是，這個重要儀式的「祭司」角色，是由被認為「慢半拍」的哥哥擔任。許多和小王同齡的年輕人，一心只盲目地想要超越別人。哥哥的曲子《畢業》之所以能夠治癒小王，和這樣的時代風潮也脫不了關係吧！

在過去，原本成年禮是以絕對者（譯按：意指神、鬼、靈等超自然存在）之名舉行的，因此我覺得小王的哥哥，也可以看作是一種「遲緩之神」的顯現。拯救現代青年的心，需要遲緩之神登場，這一點我們必須銘記在心。

02 永恆少年

小王的心受到深深的創傷，透過傷口的癒合，他體驗到了「畢業」。但是，也有一些人是「不會受傷」的。

他們腳步迅速、行動大膽，好像做了很多事，但仔細一看沒有一件是完成的，總是中途放棄，讓追隨他們的人吃盡苦頭，甚至傷痕累累；但他們自己卻對此毫不在意，又開始構想下一個新點子。這種情形不只見於青年，老年人之中也不乏人在。

「萬年青年」可以是讚美，也可以是貶抑。

跨越界限的不安

在榮格派分析家所重視的原型當中，有一種叫作「永恆少年」（puer aeternus）。榮格從他接觸到的、許多十分相似的個案中得到啟發，構思出這個概念。前面所說的就是它的部分特徵。但有趣的是，在榮格的敘述中，它並不是一種人的類型，而是人內心的一種「原型」。換句話說，每個人都具有「永恆少年」的原型，差別在於自己和這個原型之間，呈現什麼樣的關係。

思考原型與人生時，我常常聯想到交響樂團。各式各樣的樂器就像各種不同的原型，而呼應人生各個時期的優勢原型，就是擔任主旋律的樂器。這時候其他的原型，或者保持沉寂、不發揮作用，或是扮演伴奏的角色。然而，當「永恆少年」這個原型過於強勢時，就讓人彷佛原本打算前來欣賞交響樂，卻聽到了一場獨奏音樂會一樣。

也就是說，雖然「永恆少年」這個原型存在於每個人身上，但只有當它獨占優勢，霸占一個人的時候，才會出現問題。

北歐神話中，有一個巴德爾4（Baldur, Baldr）的故事。巴德爾體弱多病，令母親非常擔心，於是母親就和萬物達成不可以傷害這個兒子的約定，卻唯獨遺漏了槲寄生（譯按：一種半寄生植物），因為它實在過於柔弱不可能傷人。有一次眾神感到無聊，想出一個有趣的遊戲。他們讓巴德爾站在前方，然後一個個拿任何可以到手的東西朝他扔過去。就算打到了，巴德爾也完全不會受傷。

然而，就在大家玩得正高興時，眾神之一的洛基（Loki），從巴德爾母親口中套出話來，知道了槲寄生的事，偷偷用槲寄生做了一支槍。洛基看到黑暗之神霍德爾因為眼盲無法參加遊戲，落寞地站在一旁，就勸他過來和大家同樂，並且把槲寄生做的槍交到霍德爾手中，還引導他擲向巴德爾的方向。一瞬間，巴德爾就被殺死了；原本充滿歡樂的眾神，也頓時驚嚇得渾身顫抖。

北歐神話並沒有在這裡結束，但後續我們省略不談，僅就前述的故事來思考。完全不會受傷的神巴德爾，是典型的永恆少年。為了保護他，母親付出超乎常理的努力，這一點也值得我們注意。不會受傷的人無法長大成人，這時候想盡辦法要讓巴德爾受傷的，是洛基。他是北歐神話中的「搗蛋鬼」（trickster）。搗蛋鬼的行事經常遊走在破壞與建設的邊緣，但這一次卻是以悲劇收場。

巴德爾的故事清楚地顯示出，永恆少年要變成大人的困難。成長過程中要是漫不經心，甚至會失去性命。讓自己與「永恆少年」原型完全合為一體的人，對於成為大人抱著強烈的恐懼。這樣的人通常才華洋溢，經常提出卓越的構想。在旁人看來，要是他能持續發展自己的才能與構想，必定會開花結果，但他們卻總在中途放棄，或者發現其他有興趣的事物，注意力便轉移到別的地方去了。

他們對於跨越一定的界限，感到強烈的不安——除了這樣說，我找不到

4　譯註：巴德爾是北歐神話中的光明之神。他的父親是主神奧丁（Odin），母親是神后弗麗嘉（Frigg），黑暗之神霍德爾（Hoder）是他的孿生兄弟。

其他的解釋。在沒有超過界限的範圍內，他們行動力驚人、令人目不暇給，看起來非常活躍，但其實並沒有真正的作為。想要跨越界限，一定會受到傷害，而且在某種意義下，必得和「惡」發生關係；就像巴德爾的故事中，洛基是必要的一樣。拒絕接受惡的存在，同時也就是拒絕長大。但話說回來，他們又沒辦法輕易地與惡為盟而成為大人。因此，永恆少年就算來到即將成為大人的邊境，也不會跨越界限，而是調頭回到原來的地方。

永恆少年的原型，對於創造性的活動來說，是必要的，它上升的氣勢是非常驚人的。但如果一直和這樣的原型合為一體，就沒辦法做出真正的作品。讓永恆少年原型發揮功能，而不完全認同它——在這種很難達成的狀態下，創造性的工作將可以開花結果。

永恆少女

就像永恆少年一樣，也有「永恆少女」這種原型。完全認同永恆少女原型的女性，希望自己永遠是個女孩，拒絕成為大人。少女透過她清澈的眼，一下子就看穿大人們的各種計算、計謀以及「骯髒」事，對這些感到強烈的厭惡。她們毫不容情地揭穿大人黑暗的一面，有時候甚至到了讓人覺得殘酷的程度；但她們自己並不覺得那是殘酷，只是原原本本說出事實而已。

先前我們討論過的《鶇》的主人翁，背後應該是永恆少女在影響著她吧！病弱的身體與父母極端的保護，令人想起巴德爾。最後 TUGUMI 瀕死的經驗，暗示著她掙脫了永恆少女原型的支配。

和永恆少年比起來，永恆少女和身體性有很深的關聯，因為女性和身體之間的連結原本就比男性強。永恆少女無法忍受自己的身體將要變得和那些被稱為妻子、母親的女性一樣，因此青春期厭食症的症狀和永恆少女原型有強烈的關係。她們拒絕身體成長的力量是如此強大，使她們無法進食。

少女特有的機敏與爽朗，再加上美貌（受到永恆少女原型強力支配的人，大多有美麗的外表），常常能吸引許多男性圍繞在她們四周，但是當他們走近到一定的距離，女孩就會瞬間跳開，失去蹤影。留下來的，只有少女特有的笑容。女孩們用明亮的笑容展現自己的魅力，同時她們也嫻熟用笑，來保持距離。

如果少女在「永恆少女」原型的支配下沒有死去，並且年齡逐漸增長，就算有許多男性跟隨，也無法建立一對一的關係。男性雖然一往情深地愛慕她們、心甘情願地侍奉她們，卻只能得到一定程度的親近。這種時候，永恆少年的要素也會加進來，女性逐漸變得同時具有兩性的特質，也就越來越有魅力。

受到永恆少女原型強力支配的女性，即使和多數的男性擁有性關係，也像巴德爾的故事那樣，不會「受傷」。這種時候，因為她對於性關係並不排斥，也不會因此受傷，所以不管經歷多少男性，外表都能保持少女特有的美。

受到這種女性吸引的男性，通常以軟弱的人居多。當他們以為自己和女孩的關係不同於一般人，理所當然地想要走得更近的時候，女孩的興趣卻已經轉移到別人身上，於是他們受到很深的創傷。但仔細想想，創傷是青年躍向成人的跳板，所以這也不能完全說是壞事。因此這種「永恆少女」類型的女性，經常在無意識中扮演司祭的角色，為男性進行成年禮。

我們經常可以感覺到，原型的力量佔有優勢的時候，人的力量是無法阻攔的。但是，一種原型一直保持強大影響力的情況並不多，通常到了某個時期，它的力量就會自然減弱下來。有些女性在永恆少女原型強烈作用的時候，曾經和許多男性發生關係，但隨著原型力量的衰退，她們也逐漸變得像個「普通」的女性，回到普通女性的生活。有時候她們在普通的幸福生活中，會突然對自己過去的行為產生強烈的罪惡感，一旦遇到這樣的案例，就會覺得先前說她們「不會受傷」的說法是錯的，應該說她們受傷的地方太過深沉，自己意識不到，比較貼切。

一旦受到強烈罪惡感襲擊，在旁人眼中過著幸福生活的人，也會突然陷入嚴重的憂鬱狀態，產生破壞自己幸福生活的舉動，甚至企圖自殺。為了避免這樣的情況發生，當永恆少女原型力量受到控制，當事人逐漸回到普通的生活、患者和我即將結束治療關係的時候，我會在告別的當下叮嚀她們：「如果突然產生嚴重的憂鬱、有尋死的念頭，一定要跟我聯絡。」後來確實有人「覺得自己已經活不下去了的時候，無意間想起醫師說的話」，再回來找我。這時候我也只能接納她，為她進行療傷的工作。

03 背叛

正因為對受傷、傷人產生自責的念頭，青年得以轉變為大人。「背叛」是一種重人的傷害，在各種壞事裡，很多人最不願意做的，就是背叛。我們對各式各樣的惡行，都可能產生意外的同情心，唯獨背叛是「不可原諒」的。背叛沒有辯解的餘地。

閱讀那些自古以來被稱為偉人或天才者的傳記，常常會很驚訝地發現他們難以置信的「背叛」行為。令人不禁感歎：「連這樣的人也會做這種事！」有些傳記作家會基於過度同情，想為這些人物辯護，強調他們的行為並非背叛，或者試著找理由證明那是逼不得已，但身為讀者卻無法不覺得「這再怎麼說都是背叛」。接觸到這樣的例子，讓我不得不思考「背叛」對人生的意義。對青春來說，背叛是一個重要的主題。我們就來探討今江祥智的《牧歌》（理論社、一九八五年），一部能讓我們具體認識背叛的作品。

夥伴

主人翁洋是一所中學的美術課代課老師，原本的老師請產假生產去了。一開始他就發現，坐在教室第一排的一個男生很仔細地削好鉛筆，再啪！一聲把筆芯折斷，不斷反覆同樣的動作。查了一下座位表，知道他的名字叫「根元」。要是普通的老師，大概會立刻糾正或是責問原因，但是對洋來說，這名少年的行為過於反常，使他一時語塞，不知如何是好。

洋是一個單身的青年教師，我自己也是大學一畢業，就立刻到國高中並設的學校擔任教師。青年教師是一種奇妙的存在，在學生面前扮演成熟的大人，但在校長、教務長的眼裡，卻還是個小孩。有時候面對學生，自覺是教師的一員，有時卻又認為自己屬於青年的一群，想要和年長的教師們對抗，甚至真的付諸實行。這樣的情況學生們都看得很清楚，有時候也會利用這一點，玩弄「青年教師」於股掌之上。

洋和其他年長的老師們不一樣，沒有把根元當作「顧客」敷衍，而是到根元家進行家庭訪問。第一次根元的父母都不在家，第二次預先和他們約好時間，才終於見到面。老師來到家裡是罕有的事，他們都非常高興，半勸半勉強地讓他喝了啤酒，並且告訴他，少年根元的哥哥成績非常優秀，但「因為不是日本人」而找不到工作，後來自殺了。根元大概是知道自己的努力終將白費，所以才會在學校不停地削鉛筆、折斷筆芯，重複沒有意義的動作；而老師們都視而不見，裝作沒看到。

一方面也是因為發現根元很有繪畫的天分，洋和根元很快地親近了起來。根元很喜歡洋，甚至還偷偷地跟蹤洋，看他在哪裡吃飯、喝什麼飲料。不只是根元，其他的學生也都喜歡洋，還替他取了個「洋仔」的綽號。有個學生的媽媽問兒子：「洋仔是誰？」那學生回答：「我朋友」。聽說這件事的洋，不自覺地說：「朋友——啊」，突然感覺自己和學生們好像變成同學，心情非常好，甚至連走路的樣子都變得和中學生一樣。

洋的夥伴是中學生，而不是其他的教師，同時他具有許多先前所提的，永恆少年的要素。後來經不住大家起鬨，他參加了游泳與田徑比賽，雖然有時候成功、有時候失敗，但大家都看到他「活躍的身影」。不僅如此，他還陸陸續續做了許多「引起騷動的事」。徹頭徹尾都是個「大人」的教務長視他為眼中釘，一有機會就找他麻煩，但和洋同夥的學生們，總是能揣測洋的心意，以行動替洋出氣。這些對於洋「永恆少年」的特質描寫，實在是非常精彩。

那麼，洋為什麼急速地和根元變得很親近？那當然和洋的正義感及性格有很大的關係。但是一般而言，永恆少年大多對弱者與傷者寄予同情，相較之下，大人覺得不需要在意這些人，自己的事情都忙不過來了。我們說永恆少年不會受傷，但也說過，其實真相是意識無法觸及內心深處的傷吧。永恆少年雖然看不到自己的傷，但是看到受傷的人卻無法袖手旁觀。看到弱小的人——雖然對自己的軟弱沒有自覺——沒辦法覺得「事不關己」。在這方面，永恆少年要是沒有改變，雖然一時間付出同情，一旦出現了新的同情對象，就會轉移注意力。然而，稍後我們會清楚看到，洋並非如此。

有一位很特別也很重要的人物，加入成為洋的夥伴。洋的班級來了一個轉學的女生，安藝伊代。伊代看起來遠遠超過她的年紀，很有大人的樣子，包括洋在內的許多老師，一開始甚至以為她是某個學生的姊姊或媽媽。她父親是飛行員，並在美國另結新歡，使家人生活在痛苦之中；伊代之所以比同齡的中學生成熟許多，或許這也是原因之一。洋對伊代產生了愛意。雖然說洋是永恆少年，但也不可能跟普通中學生談青少年式的戀愛；只是同輩的女性對他來說一直顯得老氣橫秋。就在這時候，出現了剛好介於中間、充滿魅力的女性，因此談戀愛也就變成理所當然的事。於是伊代和根元，在洋長大成人的過程中，扮演了重要的角色。

不應該說出口的話

洋就像夏目漱石《少爺》中的主角那樣活躍，並且和「大人」的教務長發生激烈的爭辯。這裡和《少爺》不同的地方，在於出現了通情達理的校長，使得事情有了好的發展——關於這部分的細節，留待讀者們閱讀原作。洋是在母親的催促下，心不甘情不願地參加了相親，因此自覺到對伊代的愛。雖然母親認為他們年齡差距太大，但他終究向母親坦白了這件事。

話說回來，這裡羊又再度出現。但是與其說這是第三頭羊，不如說是三四郎的羊又回來了。洋向母親表白自己對伊代的愛時，伊代人在紐約，她父親正想介紹自己的女友給她認識，也就是說，父親想要跟妻子離婚，和現在這個女朋友再婚，並且要伊代從中選擇一個「媽媽」。因為伊代正處於這麼困難的狀況下，所以一直等著她消息的洋，並沒有收到任何信件。不過，根元倒是收到了伊代寄來的短信：「紐約雖然是個迷人的城市，但好像很容易迷路」。看到「迷路」兩字，洋聯想到《三四郎》的迷途羔羊。「迷途羔羊——他喃喃自語、從口中吐出這幾個字的時候，發覺那也就是自己」。那天夜裡在輾轉難眠之際，洋作了一個淺淺的夢。可以說是典型的永恆少年的夢。讓我們簡要地引用這一段描述：

「哪，幫我畫一隻羊吧！」夢中某個人輕聲地說。洋正覺得囉唆的時候，突然意會過來，那是「小王子」。洋和小王子一起走在撒哈拉沙漠裡。因為一再受到小王子的催促，他很潦草地畫了伊代的臉。小王子說：「不對呦！這隻羊生病了。」洋拗不過，只好畫了層層高樓林立的景象，告訴小王子，羊就在這城裡的某處。小王子非常高興，說了聲「我去找羊了，去去就回」，跟著一頭鑽進畫中的街道裡。洋隻身一人，被留在撒哈拉沙漠，遠方的地平線上，太陽正開始升起，不一會兒就爬到他的頭頂上。洋開始覺得酷熱與口渴難以忍受，這時候，地平線上發生了龍捲風，朝著洋的方向飛奔過來，把洋吹到天空中。巨大的太陽就在眼前，因為實在太刺眼了，洋睜不開眼睛。

（融化……）

洋在火球的漩渦中掙扎。

——動動你的手腳！

有人怒氣沖沖地斥責他。

總之，洋動了動他的手腳。熱氣從他的腳底下遠去，洋「呼！」地吐了一口氣，大著膽子把眼睛睜開。

在初夏的朝陽中，洋醒了過來……。

夢從迷途羔羊的聯想開始，想來也實在有趣，「洋」這個名字裡，竟藏著羊這個字。來求他畫羊的「小王子」，眾所週知，是永恆少年的代表（榮格派的分析家瑪麗—路薏絲·馮·法蘭茲（Marie-Louis von Franz）曾經就這一點，寫了一篇很長的評論）。對小王子來說，羊是很重要的存在，對洋來說也是如此。只不過洋的羊，是伊代這一隻迷途羔羊。

現代的迷途羔羊不在草原上，而是在高樓林立的市中心。知道這個事實以後，洋陷入完全的孤獨。接下來他體驗到，從前伊卡洛斯[5]（Ikaros）——

另一個永恆少年的代表人物——所體驗過的，同樣的事情。伊卡洛斯違背父親的告誡，試著急速接近太陽因而墜落；永恆少年的快速上升，總是和急速下降連結在一起。伊卡洛斯喪失了性命，但洋卻得救了，因為他聽從了「動動你的手腳！」的聲音。夢中聽到的聲音，經常告訴我們真實。對洋來說「動動你的手腳」有什麼意義，稍後我們就會明白。

洋為了實現他醉酒後的承諾，和前輩教師一起去看脫衣舞。警察來的時候，他對著警察大吼：「死條子！滾回去！」舉止引人側目。但在回家的路上，他想起在觀賞脫衣舞的時候，有那麼一瞬間，自己將伊代的面孔和舞孃的身體重疊，他對於這樣的自己感到厭惡。「對於正獨自面對憂煩的伊代，那是一種『背叛』」。的確，那真的是一種背叛，但是洋即將體驗到更為嚴

5 譯註：伊卡洛斯是希臘神話中的人物。使用父親用蠟做的人工翅膀，得到飛翔的能力，不理會父親的警告，離太陽太近，蠟翼融化、墜海而死。

重的背叛。

洋去看脫衣舞的時候，阻礙到身後流氓的視線，被他們用木屐毆打。傷勢痊癒後，又因為盲腸炎住院，可以說噩運連連。從紐約回來的伊代，前來探望正在住院的洋，但因為還有其他人在場，兩人無法親密地說話。伊代見到父親的女友，大受打擊。洋在出院那天，看到了伊代寄到住處的明信片。「我聽說那件事了。你也和我爸爸一樣嗎？不論是好是壞，我爸爸終究是個男人。這次去美國我所看到的，都是爸爸作為男人醜陋的一面。老師也是一樣的嗎」。「背叛」的報應馬上就來臨了，「那件事」當然是指洋去看脫衣舞的事。

洋感到痛苦不堪，「我聽說那件事了」這句話重重地壓在他身上。到底是誰說的呢？他變得疑神疑鬼，開始懷疑起根元。然後他非常沮喪，想要借酒澆愁。喝得爛醉後睡了一覺醒來，到澡堂去洗澡時遇見了根元，兩人共用一個浴桶泡澡。洋仗著自己酒醉，不加思索就問根元，脫衣舞的事是不是他跟伊代說的。少年首先確認洋處於爛醉的狀態，但仍然用悲傷的語氣對他說，即使是喝醉酒，「有些話可以說，有些話則是不該說出口的」。說完就回家去了。

洋帶著醉意回家上床，不久之後想起少年根元所說的話，終於領悟自己所作所為的意義。洋一夜沒有闔眼，早上六點就到根元家去。但是當他看見出來應門的，根元母親的眼睛，卻一句話也說不出來。她告訴洋，根元今天不會去學校了。

洋犯了嚴重的背叛。對伊代的背叛，或許還可以用男人的天性作為辯解，但是根元的情況不一樣。在過去的人生中，根元已經不知道經驗過多少次的背叛，學會了人這種東西，或者說日本人這種東西，是不可信賴的。而洋在讓這樣的少年——連他的父母也牽連進來——覺得這世界上還是存在著信賴關係之後，狠狠地背叛了他。這就像伸手幫助即將溺水的人上岸，卻在溺水者以為得救而喜出望外時，再一次把他推到大海裡一樣。少年根元說了，不管如何酒醉，「有些話可以說，有些話則是不該說出口的」。他說的一點也沒錯，洋為什麼會做出這樣的事來呢！

創作

洋後來怎麼樣了呢？他心一橫請了長假，讓大家以為他回故鄉去，其實卻是為了實行長久以來舉行個展的計畫；他沒日沒夜地埋頭作畫，其中包括根元以及伊代的畫像。「動動你的手腳！」這句話，原來是要他使用自己的身體、投入創作的意思。這種時候要是用聽來的倫理觀、教育論思考，是再怎麼想也想不出答案的。

洋變得像在夢遊一樣，整整兩個星期都在創作。

洋在心裡確確實實地注視著根元，把他畫下來。因此根元也像是要看穿洋的心底一樣，從正面目不轉睛地看著他。根元的眼中透露出強烈的光，但是和「那個時候」不一樣，那不是放棄了洋的眼睛。洋滿懷贖罪的心，正視少年根元的肖像，與之搏鬥。洋潛入少年根元之中，用根元的眼睛，凝視自己。

洋是以贖罪的心情作畫，讀了這一段描寫就能了解，「洋」這個人，只有透過繪畫才能夠真正面對根元這樣的人。每個人都有適合他自己的道路，洋無法在教師的路上，真正認識根元；他不是那種類型的人。洋清楚認識到這一點，決定辭掉學校的工作到東京去，專心在繪畫的道路上。於是洋找到了自己出社會應該走的方向。

如果洋沒有經歷「背叛」帶來的衝擊，情況又會是如何？雖然人生總是有意想不到的發展，沒有人可以準確預測，但如果就照原先的樣子順利進行下去，可想而知，即使洋和根元與其家人的關係越來越深、即使洋繼續當一個老師，他也只能走在感傷、濫情的路上。一旦來到無法繼續下去的地方，就只好換職業或者換到另一所學校。總之，他只能眼睜睜地看著自己陷入永恆少年模式，無法自拔。想要真正成為某人的助力，不是和他合而為一；就像我們先前所說的，雖然某種程度的一體感也是必要的，但最重要的是我們必須有所自覺——自己終究是另外的、不同的存在。

當一體的感覺過於強大，也許除了背叛以外，沒有其他足以分離的辦法。如同先前所述，那些我們意想不到的人，之所以做出意想不到的背叛行為，說不定秘密就在這裡。不是用「發現對方的某些缺點」，或者「兩個人的關係難以維持下去」等等來當作分手的理由，而是讓自己背負「背叛」這個絕對性的創傷，黯然離開。再怎麼說都是自己不好，這裡沒有辯解的餘地。伴隨著這樣的自覺而分離，說不定是有意義的。

成為大人，是一件艱苦而困難的事。因為跨越某種界限，必定會受到相當的創傷，但是當「跨越」具有真正的意義時，創傷將成為創造的泉源。或者我們也可以說，只有透過真正的創造性活動，才能治癒傷痕。洋所體驗到的、夢遊般的創作活動，恐怕是遠遠超越他先前的任何創作經驗，也因此得到很高的評價。此外也因為這些作品，伊代與根元都原諒了洋。這不是因為洋作了什麼說明或辯解，也不是因為伊代與根元想出了什麼道理，而是從作品所傳達的訊息中，兩人直接感受到洋的「背叛」是無可避免的東西。

青年期沒有經歷過背叛的人，進入中年之後，將體驗到更為淒慘激烈的背叛。但是這件事超出了本書的範圍，我們就暫且不談了。

04 沒有邊界的青春

洋帶著深度創傷的自覺長大成人，但是他告別青春、變成大人之後，就再也沒有機會體驗青春了嗎？我不這麼認為。舉例來說，當我們見到富有創造性的人，即使是個老人，我們也能感覺到永恆少年的原型，在他體內運轉著。關於原型與人生的關係，希望讀者能回想一下交響樂的比喻。

就算某種原型在人生的某個時期、某個時刻佔據了優勢，也不表示其他的原型就消失了。這和交響樂裡某件樂器有時候擔任主旋律、有時候長時間休息，是同樣的道理。話雖如此，如果我們觀察人類全體，的確可以看到某種程度的共同傾向，這一點也不能否認。接下來我想從這個觀點重新思考青春，同時整理、總結我們先前的討論。

人生的階段

從誕生到死亡，人的一生可以分成各種不同的階段。我們曾說過，在非近代社會裡，小孩與大人的區別很明確；孩子在超過某個年齡以後，就被視為大人。但自古以來，曾有許多人試著將人生分為更為詳細的階段，其中廣為人知的有孔子6所提倡的學說，以及印度的四住期7等等。不過在這裡我們不討論這些。

進入近代以後，隨著西洋心理學的發達，把人生分為嬰兒期、幼兒期、兒童期、青春期等數個階段來思考，成為普遍的想法。而且，由於對人類的進步與發展日益重視，人們對青春期的關心度也急速升高，它不只被當作成人之前的準備階段，更被視為能夠帶來新的、進步可能性的時期，而受到矚目。人們覺得這是個多夢的時期，所以稍微有些脫序的行為，也是理所當然的。

這種對青春期的刻板式理解，最近正快速地瓦解，因此——就像這本書一再強調的——「夢與遊戲」也無法再用過去的認知來解釋。現代的問題，是所有的事物都失去了邊界。過去我們認為相當明確的男與女、長與幼、老師與學生、工作與遊戲、現實與夢想等等概念，比我們想像的更缺乏清楚的界線。因此，善與惡也已經無法明確地區別了。

這樣想的話，雖然我們有必要將人生的時期作某種程度的區分，並且了解各階段的特徵，但這些區分不應該是絕對的；說得極端一點，青春無所不在。回想一下我們先前的討論，《甘露》裡的小學生由男，不已經相當顯露出青春的本質嗎？我們在《奎爾普的軍團》中，那位努力想幫助百惠的忠叔身上——雖然我們沒有詳細地描述他——不也可以看到青春的作用嗎？

6 編註：指《論語》為政第二。子曰：「吾，十有五，而志于學，三十而立，四十而不惑，五十而知天命，六十而耳順，七十而從心所欲，不踰矩。」

7 譯註：印度教把人生分為四個時期：學生期（梵行期）、家住期、林住期（林棲期），以及遊行期。

《鶫》的主人翁，有時候像幼兒那樣毫無防備，有時候又像老人那樣狡猾。有些「心」的功能，和年齡是無關的。

可是，這並不表示「發展階段」的想法是無效或有害的。知道這些事情很重要，但是我們最好不要因為它是「科學的」，就以為它是絕對的；它只有某種程度的解釋力，不是絕對的。真的以科學的方法進行研究的話，馬上就可以明白這一點。

再加上，如果我們以夢與遊戲——它們可以說是破壞「邊界」的專家——為探討的對象，那麼相對化的情形就更加嚴重。本書到目前為止，我一直賦予這兩個概念某種程度的固定意義，來進行論述，因為要是沒有任何定義，我們將陷入完全的混亂。《牧歌》裡的洋，雖然也可以說體驗到了某種「畢業」，但是那和《奎爾普的軍團》裡小王的「畢業」，樣貌大不相同。我們可以明顯地感受到年齡的差異。

青春也有各種不同的樣貌，對於現在的自己來說，青春的哪一個面向是重要的？我們需要有這樣的自覺。即使到了七十歲，青春也可能造訪，但就算如此，那種時候若是以為自己還能夠以年輕人的方式行動，將會導致嚴重的挫折。特別是有一些人，一味地認定青春是人生最好的時光，不管經過多少歲月，還是偏執地模仿年輕人的行為，這真的是非常愚蠢。人生的滋味遠比他們想像的多樣、豐富，而且更為深刻。

現代的日本還有一個特殊的問題，因為在大學入學考之前的「學習」過於嚴苛，而大學階段的課業和歐美比起來，又太過輕鬆容易，所以年輕人一升上大學，就投注了太多心力在遊戲與玩耍上面。而且他們所認識的遊戲，只是學習的簡單對比，不了解遊戲的多樣性，也錯失了「無邊界」遊戲所具有的奇妙滋味，以至於遊戲只能帶來單純的休養與解放，失去了深度。

以這一點來說，《奎爾普的軍團》的高中生小王，沒有掉入「學習VS.遊戲」這種僵化的公式。他捲入一連串難以分辨是遊戲還是工作、是現實還是夢的事件中，最後意想不到地透過「遲緩之神」，這個超越時代的存在，接受了他的成年禮。他的故事，帶給我們很大的啟示。

春天的引導——尾聲

「青春」是我最不擅長的題材。過去我寫了各式各樣的書，但從來沒有處理過青春的問題。我自己的青春時代，在戰爭以及戰敗後的灰色世界中度過，幾乎沒有感受過「青春」的氣息——這也是很重要的一個原因吧。因為比起研究文獻或是思考，我大多是以自己的經驗為寫作基礎，所以寫不出以青春為主題的文章，也是理所當然的。

但這一次，當編輯提出「青春的夢與遊戲」這個主題的時候，我感覺體內有某種新的事物開始蠢蠢欲動；所以雖然沒有什麼自信，還是接受了他的提議。此外今年我退休了，也是一個很大的因素。我想要試試，看退休後自己真的可以再次展開什麼新事物嗎？還是只能一點一點地啃光我的積蓄？懷著這些念頭，也為了轉換心情，我接受普林斯頓大學的邀請擔任客席研究員，今年春天去了一趟美國。

在普林斯頓的那段時間，我混在學生裡面和他們一起聽課、參加討論會，品嚐久違了的、當學生的心情。那時候的經驗，有一部分我已經敍述過了，但是滞留美國期間，我還有一個有趣的經驗。我是四月初抵達普林斯頓的，剛開始一棵棵的樹木都還是過冬的姿態，漸漸才冒出新芽，花朵也開始四處綻放，我得以充分領略春天的美好。不久之後，我接受明尼亞波利斯沙遊治療研究會的邀請，在五月初的時候前去講課，當地毫無疑問地，正是春天！不僅如此，五月底在我回國的途中，又接受了安克拉治沙遊治療研究會的邀請；安克拉治正逢仲春花月。換句話説，我今年經驗到三次春天。

「春」為我鋪了一條小徑，而我正一步一步走在其中哪！就在這樣想的時候，我在安克拉治作了一個奇妙的夢。

在夢中，我又重新就業。奇妙的是，我感覺自己剛從大學畢業，而這是我的第一份工作，地點在神戶附近的一所高中。因為我是從神戶工業專門學校畢業的，於是又開始和神戶的朋友們來往。我滿心的懷念，想起了友人H。然後，當我想起另一位友人I的時候，覺得很奇怪；I應該已經過世了啊！就在這樣想的時候，我醒了過來。

我對這個夢印象深刻。當時我常常思考，退休後要做些什麼事？該往什麼方向前進？夢給了我明確的指示，要我成為高中的老師。這件事和我年輕的時候所發生的一件事，有密切的關聯。剛從大學畢業的時候，我曾經發下豪語，要當一輩子的高中老師。結果僅僅過了三年，我就辭掉高中的教職，轉到大學任教。我還記得那時候滿懷「敵前逃亡」罪惡感，站在學生面前，向他們道別的情形。幸運的是，夢讓我看到青春還會回來，我還可以再次挑戰高中教師的工作。

在這個時候回憶起兩位友人H與I，也很有意思。他們都是我就讀神戶工業專門學校電氣科時，極親密的朋友；後來H成為高中老師，I則當上大學教員。I已經過世這件事是真的，而且他是最近過世的；沒能去參加他的葬禮，我一直覺得很遺憾。但是，夢選擇了這兩位友人，對我具有特別的意義。大學教員I的死，暗示著我從大學退休後，即將再次成為「高中老師」。H作為資深的高中教師，毫無疑問地，將會成為我最好的領路人吧！

在這裡所謂「成為高中教師」，不需要照著字面的意思去理解，畢竟很遺憾地，我大概已經當不成高中數學老師了吧。但是，今後我應該繼續從事一些，對擁有高中生程度學力的人，有所幫助的工作；同時，也不需要再為了扮演「大學教授」的角色，說一些高深難懂的語言了。夢的最後，我以青年教師的身分就職的同時，也意識到自己已經是個從大學退休的老人。因此我將要成為的「高中老師」，非得兼具這兩者的意義不可。

因為這些緣由，這本書就成了我身為「高中教師」的第一部作品。讀者們將會如何看待它呢？

後記

當編輯向我提議「青春的夢與遊戲」這個標題的時候，我覺得它不太適合自己，一度甚至想要婉拒。但是——編輯這樣說——過去雖然我寫了不少書，但「唯獨缺了青春這一塊」。我心想「果真是如此」，想法也就開始有點動搖。的確，彷彿依照人生的階段一樣，我前後寫了《孩子的宇宙》、《轉大人的辛苦》、《中年危機》、《老人之道》、《生與死的接點》等書，但就是沒有談到「青春」。我在書的內文中也說過，那是我不擅長的話題。

但是，在編輯高明的阿諛慫恿下，我開始覺得這件事應該會很有趣，就接受了他的提議。這期間——尾聲中也提到過——彷彿「春」在背後推著我前進，寫作的速度比我預想的快了許多（話是這麼說，不過編輯也因此很辛苦吧！）是被青春附身嗎？我的筆不斷在紙上滑行，一頭鑽進了自己夢與遊戲的世界。這也是一種「年少輕狂」吧。還希望讀者能夠諒解。

今年夏天我在歐洲旅行，去了一趟德勒斯登。由於易北河——我學生時代熱愛的，霍夫曼《黃金壺》的舞台——一直是我嚮往的地方，因此一抵達旅館，我就驅車前往易北河畔。易北河在共產時代，曾被稱為「世界上污染最嚴重的河」，很遺憾地，看來它還沒辦法洗刷這個污名。婕兒潘婷娜不知到哪兒去了？可以確定的是，這裡已經不適合她居住了。

易北河畔住著綠色小蛇的時代已經結束了，為這樣的**現代的青春**寫點什麼，也是我的使命吧。我這樣覺得。但是，這真的是很困難的任務。現代青年深沉的苦惱背後，存在著連當事人都無法表達的事物。和現代的青年見面，有時候讓我痛切地感覺到自己的無力與極限。即使知道魚就在湖水深處，但我手上所有的釣線，顯然都太短了。就算採集表層的水或水藻來「分析」，不管分析有多麼正確，可想而知，也不會有任何幫助。

因為不能詳述在心理治療場合所知道的人與事，也因為文學作品能夠確實表現出人心的深度，本書使用了許多文學作品作為素材。在此謹向這些作者們，表達由衷的謝意，同時也為我任意的引用與解釋致歉。

經常有人說，現代的學生不看書。而且，雖然主題是「青春」，結果我寫的都是自己心裡的青春。所以我想，本書的讀者應該都會是些中高齡的朋友吧。就像內文中所說的，我覺得「青春」絕對不只是人生的一個時期而已，不過這並不表示，不管我們有多老都該「活得像個年輕人」。看完這本書，我想大家都能明白我的意思。

就像先前所說，本書之所以能夠問世，多虧了岩波書店編輯部的高村幸治先生在各方面的熱心幫助，謹在此向他表達我衷心的感謝。

一九九四年夏

著者謹識

〔解析〕

在「春」的巧妙引導下，首度完成的青春論述

河合俊雄／臨床心理學家

河合隼雄與青春

就像作者在〈後記〉中所說的，本書是因為河合隼雄之前沒有關於青春的著作，在編輯的要求下才動筆。從「孩子與幻想」可以成為一個系列叢書就不難知道，「孩子」是河合隼雄擅長的主題，他以《孩子的宇宙》為首，寫了好幾本作品；關於中年與老年期，也有各種形態的論述。但是——在書中也曾提起——他意識到青春是他「最不擅長的主題」，所以一直有意地避開。

關於這一點，作者如此說明：「我自己的青春時代，在戰爭及戰敗後的

灰色世界中度過，幾乎沒有感受過『青春』的氣息——這也是很重要的一個原因吧。」的確，河合隼雄的長兄（河合隼雄在兄弟中排行第五），我的仁伯父就生長在不同的時代。聽他說起舊制高中、大學時代的事情，正是典型的「青春故事」。他們兄弟之間，時代和經驗的差異說不定真的很大。然而身為心理學家，而且是重視超越個人的無意識與意象——而非以生活史（life history）說明一切——的榮格派心理學家，這樣的說明實在無法讓人信服。更何況，長久以來他以心理治療師的身分，和許許多多青年期的個案晤談，那些經驗到哪兒去了？

淚與文學

導演蜷川幸雄曾經製作了一部改編自村上春樹原作的舞台劇《海邊的卡夫卡》。在這齣戲的節目手冊中，收錄了寺島哲也（河合隼雄的編輯之一）的一篇文章〈田村卡夫卡與茱麗葉——走入青春期的森林中〉。茱麗葉十四歲，是活過波濤洶湧的青春期的人物。有一次寺島和河合隼雄一起觀賞蜷川幸雄導演的《羅密歐與茱麗葉》，注意到鄰座的河合隼雄好幾次偷偷地擦拭眼淚。青春期對河合隼雄來說，不是他不了解的東西，而是他只能掉淚、無法言說的事物吧！我認為他絕非不了解，只是找不到話語來述說；而且因為它實在太過重要了，所以沒辦法簡簡單單地下筆。

就像觀賞《羅密歐與茱麗葉》讓我們對青春期的感觸泉湧而出，文學讓無法言說的青春期，找到了它的語言。本書從夏目漱石的《三四郎》開始，藉著許多文學作品來討論青春。例如三四郎來到東京，所有的事情都讓他訝異不已。就如作者所言，青春總是伴隨著「驚奇」。而且他與美禰子這位異性的相遇，更超出了單純的驚奇，讓他經歷動搖自己整體存在的體驗。

河合隼雄指出，非近代社會因為透過成年禮，讓孩童順利地轉變為大人，所以所謂的青年期在非近代社會裡是不存在的；它是近代社會的特徵。這個觀察非常引人深思。《三四郎》寫作於明治時代，正好是前近代社會過渡到近代社會的轉變期，所以和青年期的誕生息息相關。榮格心理學為了說明「心」的普遍內容，引用、根據許多超越歷史的神話與民間故事，但是這樣的做法並不適用於說明青年期。要了解青年期，我們必須藉助文學。

青年期與時代性

本書探討的文學作品，很多時候以成對的方式呈現，這一點也很有趣。第一章中《三四郎》和吉本芭娜娜的《鶇》成為一對，透過對《鶇》的詳細分析，強調為粉碎「天真的青春意象」而生的「反感傷主義」。第二章以出現在《三四郎》中，著名的「迷途羔羊」，和村上春樹的《尋羊冒險記》作比較。第三章裡霍夫曼的《黃金壺》則和吉本芭娜娜的《甘露》相互對應。

選擇這樣的論述方式，首先是因為青春與青年期本身是近代的特徵，不僅如此，也和它們在現代逐漸起了變化有很大的關係。其實不要說是變化了，河合隼雄還指出，甚至有人主張青年期已經消失。本書寫作於一九九四年，但是經過二十年後，我認為這個傾向越來越強。青年期變得平平穩穩，年輕人不再懷抱天馬行空的理想與目標，世代間的對立也越來越輕微。

在本書中，「夢」有兩個意義：一個是對未來的夢想，一個是睡覺時所作的夢。這兩個意義下的「夢」，都是本書重要的主題，也是分析的方法，然而它們的意義隨著時代有了很大的改變。「對從前的青春來說，現實與夢的區別清楚分明；青年在『如何將夢現實化』這件事上面，尋找人生的意義」。而在現代，作者指出「一般為外界與內在、夢與現實所劃下的界線，已經逐漸變得極度模糊。現代的青春，就存在這裡」。第三章〈青春的夢〉非常富於啟發性。本書問世後的二〇〇〇年代，發展障礙（Developmental Disability, DD）的病例增加了許多，我認為第三章在發展障礙的心理治療上面，也有很多值得參考的地方。關於青春與夢，作者首先探討其古典與本質的意義，再以之為基礎，思考現代的情形，所以他的論點不會因為時代的改變而過時。

遊戲

第四章〈青春的遊戲〉以遊戲作為主題，這是作者的拿手好菜。擅長即興說笑的作者，對於他感到棘手的「青春」，一改先前藉由文學作品切入、稍嫌嚴肅的論述方式，在第四章裡自由發揮。遊戲與嚴肅的平衡，還有「遊戲．神聖．世俗」的環狀結構，令人印象深刻。

此外，作者舉了很多藝術與運動的例子，也很引人注目：他指出在我們這個時代，屬於遊戲領域的藝術與運動競技，已經成了通往宗教性事物與神聖事物的通道，這一點給人許多啟示。而說到遊戲，在其他章節中穿插了一些作者的夢——這些應該是作者自己的創作——讀起來也十分有趣。

青春無所不在

夢與現實的界線變得模糊，可以說是青春的消失，但反過來也可以說，青春的可能性因此一直都是開放的。在第五章〈青春的別離〉中，作者給出一個弔詭的結論：正因為男女、年齡、現實與夢等等失去了邊界，「說得極端一點，青春無所不在」。既然它無所不在，那麼青春就會再度降臨。作者六十五歲的時候退休，四月去了普林斯頓大學，看到草木發出新芽，確實春天已經來臨。接下來五月初受到明尼亞波利斯沙遊治療研究會的邀請，再一次於當地感受到春天。然後五月底在回國途中，又接受安克拉治的研究會邀約，這一次當地正是仲春。那一年，他經歷了三次的春天。

退休在某種意義下，也可以看作是迎向死亡而重生。作者——就像他自己所講的——在「春」的巧妙佈局與引導下，順利寫出了原本「不擅長」的主題。此外，造訪三次的春天，也暗示了重生將反覆到來。

除了本書以外，河合隼雄很少論及青春，更不曾談論過自己的青春。在他生命的最後一段日子裡所寫下的、自傳式的小說《愛哭鬼小隼》（『泣き虫ハァちゃん』、新潮文庫），僅寫到他十歲時「遭遇危機、終於看到克服危機的方向」時，就因為病倒而不得不結束，留下無限的遺憾。關於青春，那即將到來的春天來不及被描繪出來。這部小說以這樣一段話結束：

不過，小隼的冬天已經遠離了，

他感到春天就要來臨。

「黃鶯啼、春天到」，

小隼懷著和春日一樣晴朗的心情，

眺望自家院子裡的景色。

希望春天能夠再度探訪河合隼雄——就讓我在這樣的祈願中，結束這一篇解說吧！

二〇一四年　彼岸節前

河合俊雄

〔附錄〕

延伸閱讀

- 《蚱蜢：遊戲、生命與烏托邦》（2016），伯爾納德・舒茲（Bernard Suits），心靈工坊。
- 《遊戲改變世界，讓現實更美好！》（2016），簡・麥戈尼格爾（Jane McGonigal），橡實文化。
- 《村上春樹去見河合隼雄（新版）》（2016），村上春樹、河合隼雄，時報。
- 《三四郎：日本最早的成長小說》（2016），夏目漱石，麥田。
- 《傾聽靈魂的聲音》（2016），湯瑪斯・摩爾（Thomas Moore），心靈工坊。
- 《覺醒父母：找回你和孩子的內在連結，成為孩子最佳的心靈成長夥伴》

（2016），喜法莉・薩貝瑞（Shefali Tsabary），地平線文化。

・《繭居青春：從拒學到社會退縮的探討與治療》（2016），齋藤環，心靈工坊。

・《青春叛逆期，是孩子一生最重要的轉折點》（2016），張華芳，大智文化。

・《成年禮：給不再是孩子，卻還不是大人的你》（2016），冒牌生，時報出版。

・《尋羊冒險記》（2016），村上春樹，時報。

・《舞・舞・舞》上下兩冊（2016），村上春樹，時報。

・《少爺：夏目漱石半自傳小說，日本國民必讀經典》（2015），夏目漱石，野人。

・《靈魂密碼：活出個人天賦，實現生命藍圖》（2015），詹姆斯・希爾曼（James Hillman），心靈工坊。

・《寫給未來的日記》（2015），潔西・柯比（Jessi Kirby），天下雜誌。

- 《德米安：徬徨少年時》（2015），赫曼．赫塞（Hermann Hesse），漫遊者文化。
- 《清醒做夢指南：全面啟動你的夢境之旅》（2014），狄倫．圖契洛、賈瑞．塞佐、湯瑪斯．佩索（Dylan Tuccillo, Jared Zeizel, Thomas Peisel），大塊文化。
- 《只讀好冊：李偉文的60本激賞書單》（2014），李偉文、AB寶，時報。
- 《晚熟世代：王浩威醫師的家庭門診》（2013），王浩威，心靈工坊。
- 《少年夢工場》（2013），王溢嘉，野鵝。
- 《穿越夢境，遇見最真實的自己》（2012），王榮義／作；楊惠君／採訪撰文，天下生活。
- 《我的青春，施工中：王浩威醫師的青春門診》（2012），王浩威，心靈工坊。
- 《愛哭鬼小隼》（2010），河合隼雄，遠流。
- 《青春第二課》（2010），王溢嘉，野鵝。

- 《電影裡的生命教育》（2010），李偉文，親子天下。
- 《小王子》（2010），安東尼·聖修伯里（Antoine de Saint-Exupéry），木馬。
- 《遊戲與現實》（2009），唐諾·溫尼考特（Donald W. Winnicott），心靈工坊。
- 《鄉愁》（2008），赫曼·赫塞（Hermann Hesse），遠流。
- 《深夜加油站遇見蘇格拉底》（2007），丹·米爾曼（Dan Millman），心靈工坊。
- 《榮格解夢書：夢的理論與解析》（2006），詹姆斯霍爾博士（James A. Hall, M.D.），心靈工坊。
- 《原來如此的對話》（2004），吉本芭娜娜、河合隼雄，時報。
- 《鶇》（2004），吉本芭娜娜，時報。
- 《甘露》（1995），吉本芭娜娜，時報。

心靈工坊 PsyGarden

GrowUp 015

青春的夢與遊戲：探索生命，形塑堅定的自我

青春の夢と遊び

河合隼雄—著　河合俊雄—編　林暉鈞—譯

出版者—心靈工坊文化事業股份有限公司
發行人—王浩威　總編輯—徐嘉俊
執行編輯—林妘嘉　封面設計—羅文岑　內頁排版—李宜芝
通訊地址—10684台北市大安區信義路四段53巷8號2樓
郵政劃撥—19546215　戶名—心靈工坊文化事業股份有限公司
電話—02）2702-9186　傳真—02）2702-9286
Email—service@psygarden.com.tw　網址—www.psygarden.com.tw

製版・印刷—彩峰造藝印像股份有限公司
總經銷—大和書報圖書股份有限公司
電話—02）8990-2588　傳真—02）2990-1658
通訊地址—248新北市新莊區五工五路二號
初版一刷—2016年10月　初版三刷—2024年2月
ISBN—978-986-357-073-8　定價—380元

SEISHUN NO YUME TO ASOBI（青春の夢と遊び）
by Hayao Kawai
edited by Toshio Kawai

First published 2014 by Iwanami Shoten, Publishers, Tokyo.

This complex Chinese edition published 2016
by PsyGarden Publishing Co., Taipei
by arrangement with the proprietor c/o Iwanami Shoten, Publishers, Tokyo

---

國家圖書館出版品預行編目資料

青春的夢與遊戲：探索生命,形塑堅定的自我 / 河合隼雄著；林暉鈞譯. -- 初版. -- 臺北市：心靈工坊文化, 2016.10
面；　公分. -- (河合隼雄.孩子與幻想系列) (Growup；15)

譯自：青春の夢と遊び

ISBN 978-986-357-073-8 (平裝)

1.青少年教育　2.青少年心理　3.青春期

528.47

105017870

心靈工坊 PsyGarden 書香家族 讀 友 卡

感謝您購買心靈工坊的叢書，為了加強對您的服務，請您詳填本卡，
直接投入郵筒（免貼郵票）或傳真，我們會珍視您的意見，
並提供您最新的活動訊息，共同以書會友，追求身心靈的創意與成長。

書系編號－GrowUp015　　書名－青春的夢與遊戲：探索生命，形塑堅定的自我

姓名　　是否已加入書香家族？□是 □現在加入

電話（公司）　（住家）　手機

E-mail　生日　年　月　日

地址 □□□

服務機構／就讀學校　職稱

您的性別—□1.女 □2.男 □3.其他

婚姻狀況—□1.未婚 □2.已婚 □3.離婚 □4.不婚 □5.同志 □6.喪偶 □7.分居

請問您如何得知這本書？

□1.書店 □2.報章雜誌 □3.廣播電視 □4.親友推介 □5.心靈工坊書訊
□6.廣告DM □7.心靈工坊網站 □8.其他網路媒體 □9.其他

您購買本書的方式？

□1.書店 □2.劃撥郵購 □3.團體訂購 □4.網路訂購 □5.其他

您對本書的意見？

封面設計	□ 1.須再改進	□ 2.尚可	□ 3.滿意	□ 4.非常滿意
版面編排	□ 1.須再改進	□ 2.尚可	□ 3.滿意	□ 4.非常滿意
內容	□ 1.須再改進	□ 2.尚可	□ 3.滿意	□ 4.非常滿意
文筆／翻譯	□ 1.須再改進	□ 2.尚可	□ 3.滿意	□ 4.非常滿意
價格	□ 1.須再改進	□ 2.尚可	□ 3.滿意	□ 4.非常滿意

您對我們有何建議？

□ 本人＿＿＿＿＿＿（請簽名）同意提供真實姓名/E-mail/地址/電話/年齡/等資料，以作為心靈工坊聯絡/寄貨/加入會員/行銷/會員折扣/等用途，詳細內容請參閱：http://shop.psygarden.com.tw/member_register.asp。

廣　告　回　信
台北郵局登記證
台北廣字第1143號
免　貼　郵　票

心靈工坊 PsyGarden

台北市106 信義路四段53巷8號2樓

讀者服務組　收

免　貼　郵　票

（對折線）

加入心靈工坊書香家族會員
共享知識的盛宴，成長的喜悅

請寄回這張回函卡（免貼郵票），
您就成爲心靈工坊的書香家族會員，您將可以——

⊙隨時收到新書出版和活動訊息

⊙獲得各項回饋和優惠方案